TRANZLATY

La lingua è per tutti

Language is for everyone

Il richiamo della foresta

The Call of the Wild

Jack London

Italiano / English

Copyright © 2025 Tranzlaty
All rights reserved
Published by Tranzlaty
ISBN: 978-1-80572-738-5
Original text by Jack London
The Call of the Wild
First published in 1903
www.tranzlaty.com

Nel primitivo
Into the Primitive

Buck non leggeva i giornali.
Buck did not read the newspapers.

Se avesse letto i giornali avrebbe saputo che i guai si stavano avvicinando.
Had he read the newspapers he would have known trouble was brewing.

Non erano guai solo per lui, ma per tutti i cani da caccia.
There was trouble not alone for himself, but for every tidewater dog.

Ogni cane con muscoli forti e pelo lungo e caldo sarebbe stato nei guai.
Every dog strong of muscle and with warm, long hair was going to be in trouble.

Da Puget Bay a San Diego nessun cane poteva sfuggire a ciò che lo attendeva.
From Puget Bay to San Diego no dog could escape what was coming.

Gli uomini, brancolando nell'oscurità artica, avevano trovato un metallo giallo.
Men, groping in the Arctic darkness, had found a yellow metal.

Le compagnie di navigazione a vapore e di trasporto erano alla ricerca della scoperta.
Steamship and transportation companies were chasing the discovery.

Migliaia di uomini si riversarono nel Nord.
Thousands of men were rushing into the Northland.

Questi uomini volevano dei cani, e i cani che volevano erano cani pesanti.
These men wanted dogs, and the dogs they wanted were heavy dogs.

Cani dotati di muscoli forti per lavorare duro.
Dogs with strong muscles by which to toil.

Cani con il pelo folto che li protegge dal gelo.

Dogs with furry coats to protect them from the frost.

Buck viveva in una grande casa nella soleggiata Santa Clara Valley.
Buck lived at a big house in the sun-kissed Santa Clara Valley.
La casa del giudice Miller era chiamata così.
Judge Miller's place, his house was called.
La sua casa era nascosta tra gli alberi, lontana dalla strada.
His house stood back from the road, half hidden among the trees.
Si poteva intravedere l'ampia veranda che circondava la casa.
One could get glimpses of the wide veranda running around the house.
Si accedeva alla casa tramite vialetti ghiaiosi.
The house was approached by graveled driveways.
I sentieri si snodavano attraverso ampi prati.
The paths wound about through wide-spreading lawns.
In alto si intrecciavano i rami degli alti pioppi.
Overhead were the interlacing boughs of tall poplars.
Nella parte posteriore della casa le cose erano ancora più spaziose.
At the rear of the house things were on even more spacious.
C'erano grandi scuderie, dove una dozzina di stallieri chiacchieravano
There were great stables, where a dozen grooms were chatting
C'erano file di cottage per i servi ricoperti di vite
There were rows of vine-clad servants' cottages
E c'era una serie infinita e ordinata di latrine
And there was an endless and orderly array of outhouses
Lunghi pergolati d'uva, pascoli verdi, frutteti e campi di bacche.
Long grape arbors, green pastures, orchards, and berry patches.
Poi c'era l'impianto di pompaggio per il pozzo artesiano.
Then there was the pumping plant for the artesian well.
E c'era la grande cisterna di cemento piena d'acqua.
And there was the big cement tank filled with water.

Qui i ragazzi del giudice Miller hanno fatto il loro tuffo mattutino.

Here Judge Miller's boys took their morning plunge.

E lì si rinfrescavano anche nel caldo pomeriggio.

And they cooled down there in the hot afternoon too.

E su questo grande dominio, Buck era colui che lo governava tutto.

And over this great domain, Buck was the one who ruled all of it.

Buck nacque su questa terra e visse qui tutti i suoi quattro anni.

Buck was born on this land and lived here all his four years.

C'erano effettivamente altri cani, ma non avevano molta importanza.

There were indeed other dogs, but they did not truly matter.

In un posto vasto come questo ci si aspettava la presenza di altri cani.

Other dogs were expected in a place as vast as this one.

Questi cani andavano e venivano oppure vivevano nei canili affollati.

These dogs came and went, or lived inside the busy kennels.

Alcuni cani vivevano nascosti in casa, come Toots e Ysabel.

Some dogs lived hidden in the house, like Toots and Ysabel did.

Toots era un carlino giapponese, Ysabel una cagnolina messicana senza pelo.

Toots was a Japanese pug, Ysabel a Mexican hairless dog.

Queste strane creature raramente uscivano di casa.

These strange creatures rarely stepped outside the house.

Non toccarono terra né annusarono l'aria esterna.

They did not touch the ground, nor sniff the open air outside.

C'erano anche i fox terrier, almeno una ventina.

There were also the fox terriers, at least twenty in number.

Questi terrier abbaiavano ferocemente a Toots e Ysabel in casa.

These terriers barked fiercely at Toots and Ysabel indoors.

Toots e Ysabel rimasero dietro le finestre, al sicuro da ogni pericolo.

Toots and Ysabel stayed behind windows, safe from harm.

Erano sorvegliati da domestiche armate di scope e stracci.

They were guarded by housemaids with brooms and mops.

Ma Buck non era un cane da casa e nemmeno da canile.

But Buck was no house-dog, and he was no kennel-dog either.

L'intera proprietà apparteneva a Buck come suo legittimo regno.

The entire property belonged to Buck as his rightful realm.

Buck nuotava nella vasca o andava a caccia con i figli del giudice.

Buck swam in the tank or went hunting with the Judge's sons.

Camminava con Mollie e Alice nelle prime ore del mattino o tardi.

He walked with Mollie and Alice in the early or late hours.

Nelle notti fredde si sdraiava davanti al fuoco della biblioteca insieme al giudice.

On cold nights he lay before the library fire with the Judge.

Buck accompagnava i nipoti del giudice sulla sua robusta schiena.

Buck gave rides to the Judge's grandsons on his strong back.

Si rotolava nell'erba insieme ai ragazzi, sorvegliandoli da vicino.

He rolled in the grass with the boys, guarding them closely.

Si avventurarono fino alla fontana e addirittura oltre i campi di bacche.

They ventured to the fountain and even past the berry fields.

Tra i fox terrier, Buck camminava sempre con orgoglio regale.

Among the fox terriers, Buck walked with royal pride always.

Ignorò Toots e Ysabel, trattandoli come se fossero aria.

He ignored Toots and Ysabel, treating them like they were air.

Buck governava tutte le creature viventi sulla terra del giudice Miller.

Buck ruled over all living creatures on Judge Miller's land.

Dominava gli animali, gli insetti, gli uccelli e perfino gli esseri umani.

He ruled over animals, insects, birds, and even humans.

Il padre di Buck, Elmo, era un enorme e fedele San Bernardo.

Buck's father Elmo had been a huge and loyal St. Bernard.

Elmo non si allontanò mai dal Giudice e lo servì fedelmente.

Elmo never left the Judge's side, and served him faithfully.

Buck sembrava pronto a seguire il nobile esempio del padre.

Buck seemed ready to follow his father's noble example.

Buck non era altrettanto grande: pesava centoquaranta libbre.

Buck was not quite as large, weighing one hundred and forty pounds.

Sua madre, Shep, era una splendida cagnolina da pastore scozzese.

His mother, Shep, had been a fine Scotch shepherd dog.

Ma nonostante il suo peso, Buck camminava con una presenza regale.

But even at that weight, Buck walked with regal presence.

Ciò derivava dal buon cibo e dal rispetto che riceveva sempre.

This came from good food and the respect he always received.

Per quattro anni Buck aveva vissuto come un nobile viziato.

For four years, Buck had lived like a spoiled nobleman.

Era orgoglioso di sé stesso e perfino un po' egocentrico.

He was proud of himself, and even slightly egotistical.

Quel tipo di orgoglio era comune tra i signori delle campagne remote.

That kind of pride was common in remote country lords.

Ma Buck si salvò dal diventare un cane domestico viziato.

But Buck saved himself from becoming pampered house-dog.

Rimase snello e forte grazie alla caccia e all'esercizio fisico.

He stayed lean and strong through hunting and exercise.

Amava profondamente l'acqua, come chi si bagna nei laghi freddi.

He loved water deeply, like people who bathe in cold lakes.

Questo amore per l'acqua mantenne Buck forte e molto sano.

This love for water kept Buck strong, and very healthy.

Questo era il cane che Buck era diventato nell'autunno del 1897.

This was the dog Buck had become in the fall of 1897.

Quando lo sciopero del Klondike spinse gli uomini verso il gelido Nord.

When the Klondike strike pulled men to the frozen North.

Da ogni parte del mondo la gente accorse in massa verso la fredda terra.

People rushed from all over the world into the cold land.

Buck, tuttavia, non leggeva i giornali e non capiva le notizie.

Buck, however, did not read the papers, nor understand news.

Non sapeva che Manuel fosse una persona cattiva con cui stare.

He did not know Manuel was a bad man to be around.

Manuel, che aiutava in giardino, aveva un grosso problema.

Manuel, who helped in the garden, had a deep problem.

Manuel era dipendente dal gioco d'azzardo alla lotteria cinese.

Manuel was addicted to gambling in the Chinese lottery.

Credeva fermamente anche in un sistema fisso per vincere.

He also believed strongly in a fixed system for winning.

Questa convinzione rese il suo fallimento certo e inevitabile.

That belief made his failure certain and unavoidable.

Per giocare con un sistema erano necessari soldi, soldi che a Manuel mancavano.

Playing a system demands money, which Manuel lacked.

Il suo stipendio bastava a malapena a sostenere la moglie e i numerosi figli.

His pay barely supported his wife and many children.

La notte in cui Manuel tradì Buck, tutto era normale.

On the night Manuel betrayed Buck, things were normal.

Il giudice si trovava a una riunione dell'Associazione dei coltivatori di uva passa.

The Judge was at a Raisin Growers' Association meeting.

A quel tempo i figli del giudice erano impegnati a fondare un club sportivo.

The Judge's sons were busy forming an athletic club then.

Nessuno vide Manuel e Buck uscire dal frutteto.

No one saw Manuel and Buck leaving through the orchard.

Buck pensava che questa fosse solo una semplice passeggiata notturna.

Buck thought this walk was just a simple nighttime stroll.

Incontrarono un solo uomo alla stazione della bandiera, a College Park.

They met only one man at the flag station, in College Park.

Quell'uomo parlò con Manuel e si scambiarono i soldi.

That man spoke to Manuel, and they exchanged money.

"Imballa la merce prima di consegnarla", suggerì.

"Wrap up the goods before you deliver them," he suggested.

La voce dell'uomo era roca e impaziente mentre parlava.

The man's voice was rough and impatient as he spoke.

Manuel legò con cura una corda spessa attorno al collo di Buck.

Manuel carefully tied a thick rope around Buck's neck.

"Se giri la corda, lo strangolerai di brutto"

"Twist the rope, and you'll choke him plenty"

Lo straniero emise un grugnito, dimostrando di aver capito bene.

The stranger gave a grunt, showing he understood well.

Quel giorno Buck accettò la corda con calma e silenziosa dignità.

Buck accepted the rope with calm and quiet dignity that day.

Era un atto insolito, ma Buck si fidava degli uomini che conosceva.

It was an unusual act, but Buck trusted the men he knew.

Credeva che la loro saggezza andasse ben oltre il suo pensiero.

He believed their wisdom went far beyond his own thinking.

Ma poi la corda venne consegnata nelle mani dello straniero.

But then the rope was handed to the hands of the stranger.

Buck emise un ringhio basso che suonava come un avvertimento e una minaccia silenziosa.

Buck gave a low growl that warned with quiet menace.

Era orgoglioso e autoritario e intendeva mostrare il suo disappunto.

He was proud and commanding, and meant to show his displeasure.

Buck credeva che il suo avvertimento sarebbe stato interpretato come un ordine.

Buck believed his warning would be understood as an order.

Con suo grande stupore, la corda si strinse rapidamente attorno al suo grosso collo.

To his shock, the rope tightened fast around his thick neck.

Gli mancò l'aria e cominciò a lottare in preda a una rabbia improvvisa.

His air was cut off and he began to fight in a sudden rage.

Si lanciò verso l'uomo, che si lanciò rapidamente contro Buck a mezz'aria.

He sprang at the man, who quickly met Buck in mid-air.

L'uomo afferrò Buck per la gola e lo fece ruotare abilmente in aria.

The man grabbed Buck's throat and skillfully twisted him in the air.

Buck venne scaraventato a terra con violenza, atterrando sulla schiena.

Buck was thrown down hard, landing flat on his back.

La corda ora lo strangolava crudelmente mentre lui scalciava selvaggiamente.

The rope now choked him cruelly while he kicked wildly.

La sua lingua cadde fuori, il suo petto si sollevò, ma non riprese fiato.

His tongue fell out, his chest heaved, but gained no breath.

Non era mai stato trattato con tanta violenza in vita sua.

He had never been treated with such violence in his life.

Non era mai stato così profondamente invaso da una rabbia così profonda.

He had also never been filled with such deep fury before.

Ma il potere di Buck svanì e i suoi occhi diventarono vitrei.

But Buck's power faded, and his eyes turned glassy.

Svenne proprio mentre un treno veniva fermato lì vicino.

He passed out just as a train was flagged down nearby.

Poi i due uomini lo caricarono velocemente nel vagone bagagli.

Then the two men tossed him into the baggage car quickly.

La cosa successiva che Buck sentì fu dolore alla lingua gonfia.

The next thing Buck felt was pain in his swollen tongue.

Si muoveva su un carro traballante, solo vagamente cosciente.

He was moving in a shaking cart, only dimly conscious.

Il fischio acuto di un treno rivelò a Buck la sua posizione.

The sharp scream of a train whistle told Buck his location.

Aveva spesso cavalcato con il Giudice e conosceva quella sensazione.

He had often ridden with the Judge and knew the feeling.

Fu un'esperienza unica viaggiare di nuovo in un vagone bagagli.

It was the unique jolt of traveling in a baggage car again.

Buck aprì gli occhi e il suo sguardo ardeva di rabbia.

Buck opened his eyes, and his gaze burned with rage.

Questa era l'ira di un re orgoglioso detronizzato.

This was the anger of a proud king taken from his throne.

Un uomo allungò la mano per afferrarlo, ma Buck colpì per primo.

A man reached to grab him, but Buck struck first instead.

Affondò i denti nella mano dell'uomo e la strinse forte.

He sank his teeth into the man's hand and held tightly.

Non mi lasciò andare finché non svenne per la seconda volta.

He did not let go until he blacked out a second time.

"Sì, ha degli attacchi", borbottò l'uomo al facchino.

"Yep, has fits," the man muttered to the baggageman.

Il facchino aveva sentito la colluttazione e si era avvicinato.

The baggageman had heard the struggle and come near.

"Lo porto a Frisco per conto del capo", spiegò l'uomo.

"I'm taking him to 'Frisco for the boss," the man explained.

"C'è un bravo dottore per cani che dice di poterli curare."

"There's a fine dog-doctor there who says he can cure them."

Più tardi quella notte l'uomo raccontò tutto nei dettagli.

Later that night the man gave his own full account.

Parlava da un capannone dietro un saloon sul molo.

He spoke from a shed behind a saloon on the docks.

"Mi hanno dato solo cinquanta dollari", si lamentò con il gestore del saloon.

"All I was given was fifty dollars," he complained to the saloon man.

"Non lo rifarei, nemmeno per mille dollari in contanti."

"I wouldn't do it again, not even for a thousand in cold cash."

La sua mano destra era strettamente avvolta in un panno insanguinato.

His right hand was tightly wrapped in a bloody cloth.

La gamba dei suoi pantaloni era completamente strappata dal ginocchio al piede.

His trouser leg was torn wide open from knee to foot.

"Quanto è stato pagato l'altro moccioso?" chiese il gestore del saloon.

"How much did the other mug get paid?" asked the saloon man.

«Cento», rispose l'uomo, «non ne accetterebbe uno in meno».

"A hundred," the man replied, "he wouldn't take a cent less."

"Questo fa centocinquanta", disse il gestore del saloon.

"That comes to a hundred and fifty," the saloon man said.

"E lui li merita tutti, altrimenti non sono meglio di uno stupido."

"And he's worth it all, or I'm no better than a blockhead."

L'uomo aprì gli involucri per esaminarsi la mano.

The man opened the wrappings to examine his hand.

La mano era gravemente graffiata e ricoperta di croste di sangue secco.

The hand was badly torn and crusted in dried blood.

"Se non mi viene l'idrofobia..." cominciò a dire.

"If I don't get the hydrophobia…" he began to say.

"Sarà perché sei nato per impiccarti", giunse una risata.

"It'll be because you were born to hang," came a laugh.

"Aiutami prima di partire", gli chiesero.

"Come help me out before you get going," he was asked.

Buck era stordito dal dolore alla lingua e alla gola.

Buck was in a daze from the pain in his tongue and throat.

Era mezzo strangolato e riusciva a malapena a stare in piedi.

He was half-strangled, and could barely stand upright.

Ciononostante, Buck cercò di affrontare gli uomini che lo avevano ferito così duramente.

Still, Buck tried to face the men who had hurt him so.

Ma lo gettarono a terra e lo strangolarono ancora una volta.

But they threw him down and choked him once again.

Solo allora riuscirono a segargli il pesante collare di ottone.

Only then could they saw off his heavy brass collar.

Tolsero la corda e lo spinsero in una cassa.

They removed the rope and shoved him into a crate.

La cassa era piccola e aveva la forma di una ruvida gabbia di ferro.

The crate was small and shaped like a rough iron cage.

Buck rimase lì per tutta la notte, pieno di rabbia e di orgoglio ferito.

Buck lay there all night, filled with wrath and wounded pride.

Non riusciva nemmeno a capire cosa gli stesse succedendo.

He could not begin to understand what was happening to him.

Perché quegli strani uomini lo tenevano in quella piccola cassa?

Why were these strange men keeping him in this small crate?

Cosa volevano da lui e perché questa crudele prigionia?

What did they want with him, and why this cruel captivity?

Sentì una pressione oscura e la sensazione che il disastro si avvicinasse.

He felt a dark pressure; a sense of disaster drawing closer.

Era una paura vaga, ma si impadronì pesantemente del suo spirito.

It was a vague fear, but it settled heavily on his spirit.

Diverse volte sobbalzò quando la porta del capanno sbatteva.

Several times he jumped up when the shed door rattled.

Si aspettava che il giudice o i ragazzi apparissero e lo salvassero.

He expected the Judge or the boys to appear and rescue him.

Ma ogni volta solo la faccia grassa del gestore del saloon faceva capolino all'interno.

But only the saloon-keeper's fat face peeked inside each time.

Il volto dell'uomo era illuminato dalla debole luce di una candela di sego.

The man's face was lit by the dim glow of a tallow candle.

Ogni volta, il latrato gioioso di Buck si trasformava in un ringhio basso e arrabbiato.

Each time, Buck's joyful bark changed to a low, angry growl.

Il gestore del saloon lo ha lasciato solo per la notte nella cassa

The saloon-keeper left him alone for the night in the crate

Ma quando si svegliò la mattina seguente, altri uomini stavano arrivando.

But when he awoke in the morning more men were coming.

Arrivarono quattro uomini e, con cautela, sollevarono la cassa senza dire una parola.

Four men came and gingerly picked up the crate without a word.

Buck capì subito in quale situazione si trovava.

Buck knew at once the situation he found himself in.

Erano ulteriori tormentatori che doveva combattere e temere.

They were further tormentors that he had to fight and fear.

Questi uomini apparivano malvagi, trasandati e molto mal curati.

These men looked wicked, ragged, and very badly groomed.

Buck ringhiò e si lanciò contro di loro con furia attraverso le sbarre.

Buck snarled and lunged at them fiercely through the bars.

Si limitarono a ridere e a colpirlo con lunghi bastoni di legno.

They just laughed and jabbed at him with long wooden sticks.

Buck morse i bastoncini, poi capì che era quello che gli piaceva.

Buck bit at the sticks, then realized that was what they liked.

Così si sdraiò in silenzio, imbronciato e acceso da una rabbia silenziosa.

So he lay down quietly, sullen and burning with quiet rage.

Caricarono la cassa su un carro e se ne andarono con lui.

They lifted the crate into a wagon and drove away with him.

La cassa, con Buck chiuso dentro, cambiò spesso proprietario.

The crate, with Buck locked inside, changed hands often.

Gli impiegati dell'ufficio espresso presero in mano la situazione e si occuparono di lui per un breve periodo.

Express office clerks took charge and handled him briefly.

Poi un altro carro trasportò Buck attraverso la rumorosa città.

Then another wagon carried Buck across the noisy town.

Un camion lo portò con sé scatole e pacchi su un traghetto.

A truck took him with boxes and parcels onto a ferry boat.

Dopo l'attraversamento, il camion lo scaricò presso un deposito ferroviario.

After crossing, the truck unloaded him at a rail depot.

Alla fine Buck venne fatto salire a bordo di un vagone espresso in attesa.

At last, Buck was placed inside a waiting express car.

Per due giorni e due notti i treni trascinarono via il vagone espresso.

For two days and nights, trains pulled the express car away.

Buck non mangiò né bevve durante tutto il doloroso viaggio.

Buck neither ate nor drank during the whole painful journey.

Quando i messaggeri cercarono di avvicinarlo, lui ringhiò.

When the express messengers tried to approach him, he growled.

Risposero prendendolo in giro e prendendolo in giro crudelmente.

They responded by mocking him and teasing him cruelly.

Buck si gettò contro le sbarre, schiumando e tremando

Buck threw himself at the bars, foaming and shaking

risero sonoramente e lo presero in giro come i bulli della scuola.

they laughed loudly, and taunted him like schoolyard bullies.

Abbaiavano come cani finti e agitavano le braccia.

They barked like fake dogs and flapped their arms.

Arrivarono persino a cantare come galli, solo per farlo arrabbiare ancora di più.

They even crowed like roosters just to upset him more.

Era un comportamento sciocco e Buck sapeva che era ridicolo.

It was foolish behavior, and Buck knew it was ridiculous.

Ma questo non fece altro che accrescere il suo senso di indignazione e vergogna.

But that only deepened his sense of outrage and shame.

Durante il viaggio la fame non lo disturbò molto.

He was not bothered much by hunger during the trip.

Ma la sete portava con sé dolori acuti e sofferenze insopportabili.

But thirst brought sharp pain and unbearable suffering.

La sua gola secca e infiammata e la lingua bruciavano per il calore.

His dry, inflamed throat and tongue burned with heat.

Questo dolore alimentava la febbre che cresceva nel suo corpo orgoglioso.

This pain fed the fever rising within his proud body.

Durante questa prova Buck fu grato per una sola cosa.

Buck was thankful for one single thing during this trial.

Gli avevano tolto la corda dal grosso collo.

The rope had been removed from around his thick neck.

La corda aveva dato a quegli uomini un vantaggio ingiusto e crudele.

The rope had given those men an unfair and cruel advantage.

Ora la corda non c'era più e Buck giurò che non sarebbe mai più tornata.

Now the rope was gone, and Buck swore it would never return.

Decise che nessuna corda gli sarebbe mai più passata intorno al collo.

He resolved no rope would ever go around his neck again.

Per due lunghi giorni e due lunghe notti soffrì senza cibo.

For two long days and nights, he suffered without food.

E in quelle ore, accumulò dentro di sé una rabbia enorme.

And in those hours, he built up an enormous rage inside.

I suoi occhi diventarono iniettati di sangue e selvaggi per la rabbia costante.

His eyes turned bloodshot and wild from constant anger.

Non era più Buck, ma un demone con le fauci che schioccavano.

He was no longer Buck, but a demon with snapping jaws.

Nemmeno il Giudice avrebbe potuto riconoscere questa folle creatura.

Even the Judge would not have known this mad creature.

I messaggeri espressi tirarono un sospiro di sollievo quando giunsero a Seattle

The express messengers sighed in relief when they reached Seattle

Quattro uomini sollevarono la cassa e la portarono nel cortile sul retro.

Four men lifted the crate and brought it to a back yard.

Il cortile era piccolo, circondato da mura alte e solide.

The yard was small, surrounded by high and solid walls.

Un uomo corpulento uscì dalla stanza con una scollatura larga e una camicia rossa.

A big man stepped out in a sagging red sweater shirt.

Firmò il registro delle consegne con una calligrafia spessa e decisa.

He signed the delivery book with a thick and bold hand.

Buck intuì subito che quell'uomo era il suo prossimo aguzzino.

Buck sensed at once that this man was his next tormentor.

Si lanciò violentemente contro le sbarre, con gli occhi rossi di rabbia.

He lunged violently at the bars, eyes red with fury.

L'uomo si limitò a sorridere amaramente e andò a prendere un'ascia.

The man just smiled darkly and went to fetch a hatchet.

Teneva anche una mazza nella sua grossa e forte mano destra.

He also brought a club in his thick and strong right hand.

"Lo porterai fuori adesso?" chiese l'autista preoccupato.

"You going to take him out now?" the driver asked, concerned.

"Certo", disse l'uomo, infilando l'ascia nella cassa come se fosse una leva.

"Sure," said the man, jamming the hatchet into the crate as a lever.

I quattro uomini si dileguarono all'istante, saltando sul muro del cortile.

The four men scattered instantly, jumping up onto the yard wall.

Dai loro punti sicuri in alto, aspettavano di ammirare lo spettacolo.

From their safe spots above, they waited to watch the spectacle.

Buck si lanciò contro il legno scheggiato, mordendolo e scuotendolo violentemente.

Buck lunged at the splintered wood, biting and shaking fiercely.

Ogni volta che l'ascia colpiva la gabbia, Buck era lì pronto ad attaccarla.

Each time the hatchet hit the cage), Buck was there to attack it.

Ringhiò e schioccò le dita in preda a una rabbia selvaggia, desideroso di essere liberato.

He growled and snapped with wild rage, eager to be set free.

L'uomo all'esterno era calmo e fermo, concentrato sul suo compito.

The man outside was calm and steady, intent on his task.

"Bene allora, diavolo dagli occhi rossi", disse quando il buco fu grande.

"Right then, you red-eyed devil," he said when the hole was large.

Lasciò cadere l'ascia e prese la mazza nella mano destra.

He dropped the hatchet and took the club in his right hand.

Buck sembrava davvero un diavolo: aveva gli occhi iniettati di sangue e fiammeggianti.

Buck truly looked like a devil; eyes bloodshot and blazing.

Il suo pelo si irrigidì, la schiuma gli saliva alla bocca e gli occhi brillavano.

His coat bristled, foam frothed at his mouth, eyes glinting.

Lui tese i muscoli e si lanciò dritto verso il maglione rosso.

He bunched his muscles and sprang straight at the red sweater.

Centoquaranta libbre di furia si riversarono sull'uomo calmo.

One hundred and forty pounds of fury flew at the calm man.

Un attimo prima che le sue fauci si chiudessero, un colpo terribile lo colpì.

Just before his jaws clamped shut, a terrible blow struck him.

I suoi denti si schioccarono insieme solo sull'aria

His teeth snapped together on nothing but air

una scossa di dolore gli risuonò nel corpo

a jolt of pain reverberated through his body

Si capovolse a mezz'aria e cadde sulla schiena e su un fianco.

He flipped midair and crashed down on his back and side.

Non aveva mai sentito prima un colpo di mazza e non riusciva a sostenerlo.

He had never before felt a club's blow and could not grasp it.

Con un ringhio acuto, in parte abbaio, in parte urlo, saltò di nuovo.

With a shrieking snarl, part bark, part scream, he leaped again.

Un altro colpo violento lo colpì e lo scaraventò a terra.

Another brutal strike hit him and hurled him to the ground.

Questa volta Buck capì: era la pesante clava dell'uomo.

This time Buck understood—it was the man's heavy club.

Ma la rabbia lo accecò e non pensò minimamente di ritirarsi.

But rage blinded him, and he had no thought of retreat.

Dodici volte si lanciò e dodici volte cadde.

Twelve times he launched himself, and twelve times he fell.

La mazza di legno lo colpiva ogni volta con una forza spietata e schiacciante.

The wooden club smashed him each time with ruthless, crushing force.

Dopo un colpo violento, si rialzò barcollando, stordito e lento.

After one fierce blow, he staggered to his feet, dazed and slow.

Il sangue gli colava dalla bocca, dal naso e perfino dalle orecchie.

Blood ran from his mouth, his nose, and even his ears.

Il suo mantello, un tempo bellissimo, era imbrattato di schiuma insanguinata.

His once-beautiful coat was smeared with bloody foam.

Poi l'uomo si fece avanti e gli sferrò un violento colpo al naso.

Then the man stepped up and struck a wicked blow to the nose.

L'agonia fu più acuta di qualsiasi cosa Buck avesse mai provato.

The agony was sharper than anything Buck had ever felt.

Con un ruggito più da bestia che da cane, balzò di nuovo all'attacco.

With a roar more beast than dog, he leaped again to attack.

Ma l'uomo gli afferrò la mascella inferiore e la torse all'indietro.

But the man caught his lower jaw and twisted it backward.

Buck si girò a testa in giù e cadde di nuovo violentemente al suolo.

Buck flipped head over heels, crashing down hard again.

Un'ultima volta, Buck si lanciò verso di lui, ormai a malapena in grado di reggersi in piedi.

One final time, Buck charged at him, now barely able to stand.

L'uomo colpì con sapiente tempismo, sferrando il colpo finale.

The man struck with expert timing, delivering the final blow.

Buck crollò a terra, privo di sensi e immobile.

Buck collapsed in a heap, unconscious and unmoving.

"Non è uno stupido ad addestrare i cani, ecco cosa dico io", urlò un uomo.

"He's no slouch at dog-breaking, that's what I say," a man yelled.

"Druther può spezzare la volontà di un segugio in qualsiasi giorno della settimana."

"Druther can break the will of a hound any day of the week."

"E due volte di domenica!" aggiunse l'autista.

"And twice on a Sunday!" added the driver.

Salì sul carro e tirò le redini per partire.

He climbed into the wagon and cracked the reins to leave.

Buck riprese lentamente il controllo della sua coscienza

Buck slowly regained control of his consciousness

ma il suo corpo era ancora troppo debole e rotto per muoversi.

but his body was still too weak and broken to move.

Rimase lì dove era caduto, osservando l'uomo con il maglione rosso.

He lay where he had fallen, watching the red-sweatered man.

"Risponde al nome di Buck", disse l'uomo, leggendo ad alta voce.

"He answers to the name of Buck," the man said, reading aloud.

Citò la nota inviata con la cassa di Buck e i dettagli.

He quoted from the note sent with Buck's crate and details.

"Bene, Buck, ragazzo mio", continuò l'uomo con tono amichevole,

"Well, Buck, my boy," the man continued with a friendly tone,

"Abbiamo avuto il nostro piccolo litigio, e ora tra noi è finita."

"we've had our little fight, and now it's over between us."

"Tu hai imparato qual è il tuo posto, e io ho imparato qual è il mio", ha aggiunto.

"You've learned your place, and I've learned mine," he added.

"Sii buono e tutto andrà bene e la vita sarà piacevole."

"Be good, and all will go well, and life will be pleasant."

"Ma se sei cattivo, ti spaccherò a morte, capito?"

"But be bad, and I'll beat the stuffing out of you, understand?"

Mentre parlava, allungò la mano e accarezzò la testa dolorante di Buck.

As he spoke, he reached out and patted Buck's sore head.

I capelli di Buck si rizzarono al tocco dell'uomo, ma lui non oppose resistenza.

Buck's hair rose at the man's touch, but he didn't resist.

L'uomo gli portò dell'acqua e Buck la bevve a grandi sorsi.

The man brought him water, which Buck drank in great gulps.

Poi arrivò la carne cruda, che Buck divorò pezzo per pezzo.

Then came raw meat, which Buck devoured chunk by chunk.

Sapeva di essere stato sconfitto, ma sapeva anche di non essere distrutto.

He knew he was beaten, but he also knew he wasn't broken.

Non aveva alcuna possibilità contro un uomo armato di manganello.

He had no chance against a man armed with a club.

Aveva imparato la verità e non dimenticò mai quella lezione.

He had learned the truth, and he never forgot that lesson.

Quell'arma segnò l'inizio della legge nel nuovo mondo di Buck.

That weapon was the beginning of law in Buck's new world.

Fu l'inizio di un ordine duro e primitivo che non poteva negare.

It was the start of a harsh, primitive order he could not deny.

Accettò la verità: i suoi istinti selvaggi erano ormai risvegliati.

He accepted the truth; his wild instincts were now awake.

Il mondo era diventato più duro, ma Buck lo affrontò coraggiosamente.

The world had grown harsher, but Buck faced it bravely.

Affrontò la vita con una nuova cautela, astuzia e una forza silenziosa.

He met life with new caution, cunning, and quiet strength.

Arrivarono altri cani, legati con corde o gabbie, come era successo a Buck.

More dogs arrived, tied in ropes or crates like Buck had been.

Alcuni cani procedevano con calma, altri si infuriavano e combattevano come bestie feroci.

Some dogs came calmly, others raged and fought like wild beasts.

Tutti loro furono sottoposti al dominio dell'uomo con il maglione rosso.

All of them were brought under the rule of the red-sweatered man.

Ogni volta Buck osservava e vedeva svolgersi la stessa lezione.

Each time, Buck watched and saw the same lesson unfold.

L'uomo con la clava era la legge: un padrone a cui obbedire.

The man with the club was law; a master to be obeyed.

Non era necessario che gli piacesse, ma che gli si obbedisse.

He did not need to be liked, but he had to be obeyed.

Buck non si è mai mostrato adulatore o scodinzolante come facevano i cani più deboli.

Buck never fawned or wagged like the weaker dogs did.

Vide dei cani che erano stati picchiati e che continuavano a leccare la mano dell'uomo.

He saw dogs that were beaten and still licked the man's hand.

Vide un cane che non obbediva né si sottometteva affatto.

He saw one dog who would not obey or submit at all.

Quel cane ha combattuto fino alla morte nella battaglia per il controllo.

That dog fought until he was killed in the battle for control.

A volte degli sconosciuti venivano a trovare l'uomo con il maglione rosso.

Strangers would sometimes come to see the red-sweatered man.

Parlavano con toni strani, supplicando, contrattando e ridendo.

They spoke in strange tones, pleading, bargaining, and laughing.

Dopo aver scambiato i soldi, se ne andavano con uno o più cani.

When money was exchanged, they left with one or more dogs.

Buck si chiese dove andassero questi cani, perché nessuno faceva mai ritorno.

Buck wondered where these dogs went, for none ever returned.

la paura dell'ignoto riempiva Buck ogni volta che un uomo sconosciuto si avvicinava

fear of the unknown filled Buck every time a strange man came

era contento ogni volta che veniva preso un altro cane, al posto suo.

he was glad each time another dog was taken, rather than himself.

Ma alla fine arrivò il turno di Buck con l'arrivo di uno strano uomo.

But finally, Buck's turn came with the arrival of a strange man.

Era piccolo, nervoso e parlava un inglese stentato e imprecava.

He was small, wiry, and spoke in broken English and curses.

"Sacredam!" urlò quando vide il corpo di Buck.

"Sacredam!" he yelled when he laid eyes on Buck's frame.

"Che cane maledetto e prepotente! Eh? Quanto costa?" chiese ad alta voce.

"That's one damn bully dog! Eh? How much?" he asked aloud.

"Trecento, ed è un regalo a quel prezzo",

"Three hundred, and he's a present at that price,"

"Dato che sono soldi del governo, non dovresti lamentarti, Perrault."

"Since it's government money, you shouldn't complain, Perrault."

Perrault sorrise pensando all'accordo che aveva appena concluso con quell'uomo.

Perrault grinned at the deal he had just made with the man.

Il prezzo dei cani è salito alle stelle a causa della domanda improvvisa.

The price of dogs had soared due to the sudden demand.

Trecento dollari non erano ingiusti per una bestia così bella.

Three hundred dollars wasn't unfair for such a fine beast.

Il governo canadese non perderebbe nulla dall'accordo

The Canadian Government would not lose anything in the deal

Né i loro comunicati ufficiali avrebbero subito ritardi nel trasporto.

Nor would their official dispatches be delayed in transit.

Perrault conosceva bene i cani e capì che Buck era una rarità.

Perrault knew dogs well, and could see Buck was something rare.

"Uno su dieci diecimila", pensò, mentre studiava la corporatura di Buck.

"One in ten ten-thousand," he thought, as he studied Buck's build.

Buck vide il denaro cambiare di mano, ma non mostrò alcuna sorpresa.

Buck saw the money change hands, but showed no surprise.

Poco dopo lui e Curly, un gentile Terranova, furono portati via.

Soon he and Curly, a gentle Newfoundland, were led away.

Seguirono l'omino dal cortile della casa con il maglione rosso.

They followed the little man from the red sweater's yard.

Quella fu l'ultima volta che Buck vide l'uomo con la mazza di legno.

That was the last Buck ever saw of the man with the wooden club.

Dal ponte del Narwhal guardò Seattle svanire in lontananza.

From the Narwhal's deck he watched Seattle fade into the distance.

Fu anche l'ultima volta che vide le calde terre del Sud.

It was also the last time he ever saw the warm Southland.

Perrault li portò sottocoperta e li lasciò con François.

Perrault took them below deck, and left them with François.

François era un gigante con la faccia nera e le mani ruvide e callose.

François was a black-faced giant with rough, calloused hands.

Era un uomo dalla carnagione scura e dalla carnagione scura, un meticcio franco-canadese.

He was dark and swarthy; a half-breed French-Canadian.

Per Buck, quegli uomini erano come non li aveva mai visti prima.

To Buck, these men were of a kind he had never seen before.

Nei giorni a venire avrebbe avuto modo di conoscere molti di questi uomini.

He would come to know many such men in the days ahead.

Non cominciò ad affezionarsi a loro, ma finì per rispettarli.

He did not grow fond of them, but he came to respect them.

Erano giusti e saggi e non si lasciavano ingannare facilmente da nessun cane.

They were fair and wise, and not easily fooled by any dog.

Giudicavano i cani con calma e punivano solo quando meritavano.

They judged dogs calmly, and punished only when deserved.

Sul ponte inferiore del Narwhal, Buck e Curly incontrarono due cani.

In the Narwhal's lower deck, Buck and Curly met two dogs.

Uno era un grosso cane bianco proveniente dalle lontane e gelide isole Spitzbergen.

One was a large white dog from far-off, icy Spitzbergen.

In passato aveva navigato su una baleniera e si era unito a un gruppo di ricerca.

He'd once sailed with a whaler and joined a survey group.

Era amichevole, ma astuto e subdolo.

He was friendly in a sly, underhanded and crafty fashion.

Al loro primo pasto, rubò un pezzo di carne dalla padella di Buck.

At their first meal, he stole a piece of meat from Buck's pan.

Buck saltò per punirlo, ma la frusta di François colpì per prima.

Buck jumped to punish him, but François's whip struck first.

Il ladro bianco urlò e Buck reclamò l'osso rubato.

The white thief yelped, and Buck reclaimed the stolen bone.

Questa correttezza colpì Buck e François si guadagnò il suo rispetto.

That fairness impressed Buck, and François earned his respect.

L'altro cane non lo salutò e non volle nessuno in cambio.

The other dog gave no greeting, and wanted none in return.

Non rubava il cibo, né annusava con interesse i nuovi arrivati.

He didn't steal food, nor sniff at the new arrivals with interest.

Questo cane era cupo e silenzioso, cupo e lento nei movimenti.

This dog was grim and quiet, gloomy and slow-moving.

Avvertì Curly di stargli lontano semplicemente lanciandole un'occhiata fulminante.

He warned Curly to stay away by simply glaring at her.

Il suo messaggio era chiaro: lasciatemi in pace o saranno guai.

His message was clear; leave me alone or there'll be trouble.

Si chiamava Dave e non faceva quasi caso a ciò che lo circondava.

He was called Dave, and he barely noticed his surroundings.

Dormiva spesso, mangiava tranquillamente e sbadigliava di tanto in tanto.

He slept often, ate quietly, and yawned now and again.

La nave ronzava costantemente con il rumore dell'elica sottostante.

The ship hummed constantly with the beating propeller below.

I giorni passarono senza grandi cambiamenti, ma il clima si fece più freddo.

Days passed with little change, but the weather got colder.

Buck se lo sentiva nelle ossa e notò che anche gli altri lo sentivano.

Buck could feel it in his bones, and noticed the others did too.

Poi una mattina l'elica si fermò e tutto rimase immobile.

Then one morning, the propeller stopped and all was still.

Un'energia percorse la nave: qualcosa era cambiato.

An energy swept through the ship; something had changed.

François scese, li mise al guinzaglio e li portò su.

François came down, clipped them on leashes, and brought them up.

Buck uscì e trovò il terreno morbido, bianco e freddo.

Buck stepped out and found the ground soft, white, and cold.

Lui fece un balzo indietro allarmato e sbuffò in preda alla confusione più totale.

He jumped back in alarm and snorted in total confusion.

Una strana sostanza bianca cadeva dal cielo grigio.

Strange white stuff was falling from the gray sky.

Si scosse, ma i fiocchi bianchi continuavano a cadergli addosso.

He shook himself, but the white flakes kept landing on him.

Annusò attentamente la sostanza bianca e ne leccò alcuni pezzetti ghiacciati.

He sniffed the white stuff carefully and licked at a few icy bits.

La polvere bruciò come il fuoco e poi svanì subito dalla sua lingua.

The powder burned like fire, then vanished right off his tongue.

Buck ci riprovò, sconcertato dallo strano freddo che svaniva.

Buck tried again, puzzled by the odd vanishing coldness.

Gli uomini intorno a lui risero e Buck si sentì in imbarazzo.

The men around him laughed, and Buck felt embarrassed.

Non sapeva perché, ma si vergognava della sua reazione.

He didn't know why, but he was ashamed of his reaction.

Era la sua prima esperienza con la neve e la cosa lo confuse.

It was his first experience with snow, and it confused him.

La legge del bastone e della zanna
The Law of Club and Fang

Il primo giorno di Buck sulla spiaggia di Dyea è stato un terribile incubo.
Buck's first day on the Dyea beach felt like a terrible nightmare.

Ogni ora portava con sé nuovi shock e cambiamenti inaspettati per Buck.
Each hour brought new shocks and unexpected changes for Buck.

Era stato strappato alla civiltà e gettato nel caos più totale.
He had been pulled from civilization and thrown into wild chaos.

Questa non era una vita soleggiata e pigra, fatta di noia e riposo.
This was no sunny, lazy life with boredom and rest.

Non c'era pace, né riposo, né momento senza pericolo.
There was no peace, no rest, and no moment without danger.

La confusione regnava su tutto e il pericolo era sempre vicino.
Confusion ruled everything, and danger was always close.

Buck doveva stare attento perché quegli uomini e quei cani erano diversi.
Buck had to stay alert because these men and dogs were different.

Non provenivano da città; erano selvaggi e spietati.
They were not from towns; they were wild and without mercy.

Questi uomini e questi cani conoscevano solo la legge del bastone e della zanna.
These men and dogs only knew the law of club and fang.

Buck non aveva mai visto dei cani combattere come questi feroci husky.
Buck had never seen dogs fight like these savage huskies.

La sua prima esperienza gli insegnò una lezione che non avrebbe mai dimenticato.

His first experience taught him a lesson he would never forget.

Fu una fortuna che non fosse lui, altrimenti sarebbe morto anche lui.

He was lucky it was not him, or he would have died too.

Curly era quello che soffriva, mentre Buck osservava e imparava.

Curly was the one who suffered while Buck watched and learned.

Si erano accampati vicino a un deposito costruito con tronchi.

They had made camp near a store built from logs.

Curly cercò di essere amichevole con un grosso husky simile a un lupo.

Curly tried to be friendly to a large, wolf-like husky.

L'husky era più piccolo di Curly, ma aveva un aspetto selvaggio e cattivo.

The husky was smaller than Curly, but looked wild and mean.

Senza preavviso, lui saltò su e le squarciò il viso.

Without warning, he jumped and slashed her face open.

Con un solo movimento i suoi denti le tagliarono l'occhio fino alla mascella.

His teeth cut from her eye down to her jaw in one move.

Ecco come combattevano i lupi: colpivano velocemente e saltavano via.

This was how wolves fought—hit fast and jump away.

Ma c'era molto di più da imparare da quell'unico attacco.

But there was more to learn than from that one attack.

Decine di husky si precipitarono dentro e formarono un cerchio silenzioso.

Dozens of huskies rushed in and made a silent circle.

Osservavano attentamente e si leccavano le labbra per la fame.

They watched closely and licked their lips with hunger.

Buck non capiva il loro silenzio né i loro occhi ansiosi.

Buck didn't understand their silence or their eager eyes.

Curly si lanciò ad attaccare l'husky una seconda volta.

Curly rushed to attack the husky a second time.

Usò il suo petto per buttarla a terra con un movimento violento.

He used his chest to knock her over with a strong move.

Cadde su un fianco e non riuscì più a rialzarsi.

She fell on her side and could not get back up.

Era proprio quello che gli altri aspettavano da tempo.

That was what the others had been waiting for all along.

Gli husky le saltarono addosso, guaindo e ringhiando freneticamente.

The huskies jumped on her, yelping and snarling in a frenzy.

Lei urlò mentre la seppellivano sotto una pila di cani.

She screamed as they buried her under a pile of dogs.

L'attacco fu così rapido che Buck rimase immobile per lo shock.

The attack was so fast that Buck froze in place with shock.

Vide Spitz tirare fuori la lingua in un modo che sembrava una risata.

He saw Spitz stick out his tongue in a way that looked like a laugh.

François afferrò un'ascia e corse dritto verso il gruppo di cani.

François grabbed an axe and ran straight into the group of dogs.

Altri tre uomini hanno usato dei manganelli per allontanare gli husky.

Three other men used clubs to help beat the huskies away.

In soli due minuti la lotta finì e i cani se ne andarono.

In just two minutes, the fight was over and the dogs were gone.

Curly giaceva morta nella neve rossa calpestata, con il corpo fatto a pezzi.

Curly lay dead in the red, trampled snow, her body torn apart.

Un uomo dalla pelle scura era in piedi davanti a lei, maledicendo la scena brutale.

A dark-skinned man stood over her, cursing the brutal scene.

Il ricordo rimase con Buck e ossessionò i suoi sogni notturni.

The memory stayed with Buck and haunted his dreams at night.

Ecco come funzionava: niente equità, niente seconda possibilità.

That was the way here; no fairness, no second chance.

Una volta caduto un cane, gli altri lo uccidevano senza pietà.

Once a dog fell, the others would kill without mercy.

Buck decise allora che non si sarebbe mai lasciato cadere.

Buck decided then that he would never allow himself to fall.

Spitz tirò fuori di nuovo la lingua e rise guardando il sangue.

Spitz stuck out his tongue again and laughed at the blood.

Da quel momento in poi, Buck odiò Spitz con tutto il cuore.

From that moment on, Buck hated Spitz with all his heart.

Prima che Buck potesse riprendersi dalla morte di Curly, accadde qualcosa di nuovo.

Before Buck could recover from Curly's death, something new happened.

François si avvicinò e legò qualcosa attorno al corpo di Buck.

François came over and strapped something around Buck's body.

Era un'imbracatura simile a quelle usate per i cavalli al ranch.

It was a harness like the ones used on horses at the ranch.

Così come Buck aveva visto lavorare i cavalli, ora era costretto a lavorare anche lui.

As Buck had seen horses work, now he was made to work too.

Dovette trascinare François su una slitta nella foresta vicina.

He had to pull François on a sled into the forest nearby.

Poi dovette trascinare indietro un pesante carico di legna da ardere.

Then he had to pull back a load of heavy firewood.

Buck era orgoglioso e gli faceva male essere trattato come un animale da lavoro.

Buck was proud, so it hurt him to be treated like a work animal.

Ma era saggio e non cercò di combattere la nuova situazione.

But he was wise and didn't try to fight the new situation.

Accettò la sua nuova vita e diede il massimo in ogni compito.

He accepted his new life and gave his best in every task.

Tutto di quel lavoro gli risultava strano e sconosciuto.

Everything about the work was strange and unfamiliar to him.

François era severo e pretendeva obbedienza senza indugio.

François was strict and demanded obedience without delay.

La sua frusta garantiva che ogni comando venisse eseguito immediatamente.

His whip made sure that every command was followed at once.

Dave era il timoniere, il cane più vicino alla slitta dietro Buck.

Dave was the wheeler, the dog nearest the sled behind Buck.

Se commetteva un errore, Dave mordeva Buck sulle zampe posteriori.

Dave bit Buck on the back legs if he made a mistake.

Spitz era il cane guida, abile ed esperto nel ruolo.

Spitz was the lead dog, skilled and experienced in the role.

Spitz non riusciva a raggiungere Buck facilmente, ma lo corresse comunque.

Spitz could not reach Buck easily, but still corrected him.

Ringhiava aspramente o tirava la slitta in modi che insegnavano a Buck.

He growled harshly or pulled the sled in ways that taught Buck.

Grazie a questo addestramento, Buck imparò più velocemente di quanto tutti si aspettassero.

Under this training, Buck learned faster than any of them expected.

Lavorò duramente e imparò sia da François che dagli altri cani.

He worked hard and learned from both François and the other dogs.

Quando tornarono, Buck conosceva già i comandi chiave.

By the time they returned, Buck already knew the key commands.

Imparò a fermarsi al suono della parola "oh" di François.

He learned to stop at the sound of "ho" from François.

Imparò quando era il momento di tirare la slitta e correre.

He learned when he had to pull the sled and run.

Imparò a svoltare senza problemi nelle curve del sentiero.

He learned to turn wide at bends in the trail without trouble.

Imparò anche a evitare Dave quando la slitta scendeva velocemente.

He also learned to avoid Dave when the sled went downhill fast.

«Sono cani molto buoni», disse con orgoglio François a Perrault.

"They're very good dogs," François proudly told Perrault.

"Quel Buck tira come un dannato, glielo insegno subito."

"That Buck pulls like hell—I teach him quick as anything."

Più tardi quel giorno, Perrault tornò con altri due husky.

Later that day, Perrault came back with two more husky dogs.

Si chiamavano Billee e Joe ed erano fratelli.

Their names were Billee and Joe, and they were brothers.

Provenivano dalla stessa madre, ma non erano affatto simili.

They came from the same mother, but were not alike at all.

Billee era un tipo dolce e molto amichevole con tutti.

Billee was sweet-natured and too friendly with everyone.

Joe era l'opposto: silenzioso, arrabbiato e sempre ringhiante.

Joe was the opposite—quiet, angry, and always snarling.

Buck li salutò amichevolmente e si mantenne calmo con entrambi.

Buck greeted them in a friendly way and was calm with both.

Dave non prestò loro attenzione e rimase in silenzio come al solito.

Dave paid no attention to them and stayed silent as usual.

Spitz attaccò prima Billee, poi Joe, per dimostrare la sua superiorità.

Spitz attacked first Billee, then Joe, to show his dominance.

Billee scodinzolava e cercava di essere amichevole con Spitz.

Billee wagged his tail and tried to be friendly to Spitz.

Quando questo non funzionò, cercò di scappare.

When that didn't work, he tried to run away instead.

Pianse tristemente quando Spitz lo morse forte sul fianco.

He cried sadly when Spitz bit him hard on the side.

Ma Joe era molto diverso e si rifiutava di farsi prendere in giro.

But Joe was very different and refused to be bullied.

Ogni volta che Spitz si avvicinava, Joe si girava velocemente per affrontarlo.

Every time Spitz came near, Joe spun to face him fast.

La sua pelliccia si drizzò, le sue labbra si arricciarono e i suoi denti schioccarono selvaggiamente.

His fur bristled, his lips curled, and his teeth snapped wildly.

Gli occhi di Joe brillavano di paura e rabbia, sfidando Spitz a colpire.

Joe's eyes gleamed with fear and rage, daring Spitz to strike.

Spitz abbandonò la lotta e si voltò, umiliato e arrabbiato.

Spitz gave up the fight and turned away, humiliated and angry.

Sfogò la sua frustrazione sul povero Billee e lo cacciò via.

He took out his frustration on poor Billee and chased him away.

Quella sera Perrault aggiunse un altro cane alla squadra.

That evening, Perrault added one more dog to the team.

Questo cane era vecchio, magro e coperto di cicatrici di battaglia.

This dog was old, lean, and covered in battle scars.

Gli mancava un occhio, ma l'altro brillava di potere.

One of his eyes was missing, but the other flashed with power.

Il nome del nuovo cane era Solleks, che significa "l'Arrabbiato".

The new dog's name was Solleks, which meant the Angry One.

Come Dave, Solleks non chiedeva nulla agli altri e non dava nulla in cambio.

Like Dave, Solleks asked nothing from others, and gave nothing back.

Quando Solleks entrò lentamente nell'accampamento, persino Spitz rimase lontano.

When Solleks walked slowly into camp, even Spitz stayed away.

Aveva una strana abitudine che Buck ebbe la sfortuna di scoprire.

He had a strange habit that Buck was unlucky to discover.

Solleks detestava essere avvicinato dal lato in cui era cieco.

Solleks hated being approached on the side where he was blind.

Buck non lo sapeva e commise quell'errore per sbaglio.

Buck did not know this and made that mistake by accident.

Solleks si voltò di scatto e colpì la spalla di Buck in modo profondo e rapido.

Solleks spun around and slashed Buck's shoulder deep and fast.

Da quel momento in poi, Buck non si avvicinò mai più al lato cieco di Solleks.

From that moment on, Buck never came near Solleks' blind side.

Non ebbero mai più problemi per il resto del tempo che trascorsero insieme.

They never had trouble again for the rest of their time together.

Solleks voleva solo essere lasciato solo, come il tranquillo Dave.

Solleks wanted only to be left alone, like quiet Dave.

Ma Buck avrebbe scoperto in seguito che ognuno di loro aveva un altro obiettivo segreto.

But Buck would later learn they each had another secret goal.

Quella notte Buck si trovò ad affrontare una nuova e preoccupante sfida: come dormire.

That night Buck faced a new and troubling challenge—how to sleep.

La tenda era illuminata caldamente dalla luce delle candele nel campo innevato.

The tent glowed warmly with candlelight in the snowy field.

Buck entrò, pensando che lì avrebbe potuto riposare come prima.

Buck walked inside, thinking he could rest there like before.

Ma Perrault e François gli urlarono contro e gli tirarono delle padelle.

But Perrault and François yelled at him and threw pans.

Sconvolto e confuso, Buck corse fuori nel freddo gelido.

Shocked and confused, Buck ran out into the freezing cold.

Un vento gelido gli pungeva la spalla ferita e gli congelava le zampe.

A bitter wind stung his wounded shoulder and froze his paws.

Si sdraiò sulla neve e cercò di dormire all'aperto.

He lay down in the snow and tried to sleep out in the open.

Ma il freddo lo costrinse presto a rialzarsi, tremando forte.

But the cold soon forced him to get back up, shaking badly.

Vagò per l'accampamento, cercando di trovare un posto più caldo.

He wandered through the camp, trying to find a warmer spot.

Ma ogni angolo era freddo come quello precedente.

But every corner was just as cold as the one before.

A volte dei cani feroci gli saltavano addosso dall'oscurità.

Sometimes savage dogs jumped at him from the darkness.

Buck drizzò il pelo, scoprì i denti e ringhiò in tono ammonitore.

Buck bristled his fur, bared his teeth, and snarled with warning.

Lui stava imparando in fretta e gli altri cani si sono subito tirati indietro.

He was learning fast, and the other dogs backed off quickly.

Tuttavia, non aveva un posto dove dormire e non aveva idea di cosa fare.

Still, he had no place to sleep, and no idea what to do.

Alla fine gli venne in mente un pensiero: andare a dare un'occhiata ai suoi compagni di squadra.

At last, a thought came to him—check on his team-mates.

Ritornò nella loro zona e rimase sorpreso nel constatare che non c'erano più.

He returned to their area and was surprised to find them gone.

Cercò di nuovo nell'accampamento, ma ancora non riuscì a trovarli.

Again he searched the camp, but still could not find them.

Sapeva che loro non potevano stare nella tenda, altrimenti ci sarebbe stato anche lui.

He knew they could not be in the tent, or he would be too.

E allora, dove erano finiti tutti i cani in quell'accampamento ghiacciato?

So where had all the dogs gone in this frozen camp?

Buck, infreddolito e infelice, girò lentamente intorno alla tenda.

Buck, cold and miserable, slowly circled around the tent.

All'improvviso, le sue zampe anteriori sprofondarono nella neve soffice e lo spaventarono.

Suddenly, his front legs sank into soft snow and startled him.

Qualcosa si mosse sotto i suoi piedi e lui fece un salto indietro per la paura.

Something wriggled under his feet, and he jumped back in fear.

Ringhiava e ringhiava, non sapendo cosa si nascondesse sotto la neve.

He growled and snarled, not knowing what lay beneath the snow.

Poi udì un piccolo latrato amichevole che placò la sua paura.

Then he heard a friendly little bark that eased his fear.

Annusò l'aria e si avvicinò per vedere cosa fosse nascosto.

He sniffed the air and came closer to see what was hidden.

Sotto la neve, rannicchiata in una calda palla, c'era la piccola Billee.

Under the snow, curled into a warm ball, was little Billee.

Billee scodinzolò e leccò il muso di Buck per salutarlo.

Billee wagged his tail and licked Buck's face to greet him.

Buck vide come Billee si era costruito un posto per dormire nella neve.

Buck saw how Billee had made a sleeping place in the snow.

Aveva scavato e sfruttato il suo calore per scaldarsi.

He had dug down and used his own heat to stay warm.

Buck aveva imparato un'altra lezione: ecco come dormivano i cani.

Buck had learned another lesson — this was how the dogs slept.

Scelse un posto e cominciò a scavare la sua buca nella neve.

He picked a spot and started digging his own hole in the snow.

All'inizio si muoveva troppo e sprecava energie.

At first, he moved around too much and wasted energy.

Ma ben presto il suo corpo riscaldò lo spazio e lui si sentì al sicuro.

But soon his body warmed the space, and he felt safe.

Si rannicchiò forte e poco dopo si addormentò profondamente.

He curled up tightly, and before long he was fast asleep.

La giornata era stata lunga e dura e Buck era esausto.

The day had been long and hard, and Buck was exhausted.

Dormì profondamente e comodamente, anche se fece sogni selvaggi.

He slept deeply and comfortably, though his dreams were wild.

Ringhiava e abbaiava nel sonno, contorcendosi mentre sognava.

He growled and barked in his sleep, twisting as he dreamed.

Buck non si svegliò finché l'accampamento non cominciò a prendere vita.

Buck didn't wake up until the camp was already coming to life.

All'inizio non sapeva dove si trovasse o cosa fosse successo.

At first, he didn't know where he was or what had happened.

La neve era caduta durante la notte e aveva seppellito completamente il suo corpo.

Snow had fallen overnight and completely buried his body.

La neve lo circondava, compatta su tutti i lati.

The snow pressed in around him, tight on all sides.

All'improvviso un'ondata di paura percorse tutto il corpo di Buck.

Suddenly a wave of fear rushed through Buck's entire body.

Era la paura di rimanere intrappolati, una paura che proveniva da istinti profondi.

It was the fear of being trapped, a fear from deep instincts.

Sebbene non avesse mai visto una trappola, la paura era viva dentro di lui.

Though he had never seen a trap, the fear lived inside him.

Era un cane addomesticato, ma ora i suoi vecchi istinti selvaggi si stavano risvegliando.

He was a tame dog, but now his old wild instincts were waking.

I muscoli di Buck si irrigidirono e il pelo gli si rizzò su tutta la schiena.

Buck's muscles tensed, and his fur stood up all over his back.

Ringhiò furiosamente e balzò in piedi nella neve.

He snarled fiercely and sprang straight up through the snow.

La neve volava in ogni direzione mentre lui irrompeva nella luce del giorno.

Snow flew in every direction as he burst into the daylight.

Ancora prima di atterrare, Buck vide l'accampamento disteso davanti a lui.

Even before landing, Buck saw the camp spread out before him.

Ricordò tutto del giorno prima, tutto in una volta.

He remembered everything from the day before, all at once.

Ricordava di aver passeggiato con Manuel e di essere finito in quel posto.

He remembered strolling with Manuel and ending up in this place.

Ricordava di aver scavato la buca e di essersi addormentato al freddo.

He remembered digging the hole and falling asleep in the cold.

Ora era sveglio e il mondo selvaggio intorno a lui era limpido.

Now he was awake, and the wild world around him was clear.

Un grido di François annunciò l'improvvisa apparizione di Buck.

A shout from François hailed Buck's sudden appearance.

"Cosa ho detto?" gridò a gran voce il conducente del cane a Perrault.

"What did I say?" the dog-driver cried loudly to Perrault.

"Quel Buck impara sicuramente in fretta", ha aggiunto François.

"That Buck for sure learns quick as anything," François added.

Perrault annuì gravemente, visibilmente soddisfatto del risultato.

Perrault nodded gravely, clearly pleased with the result.

In qualità di corriere del governo canadese, trasportava dispacci.

As a courier for the Canadian Government, he carried dispatches.

Era ansioso di trovare i cani migliori per la sua importante missione.

He was eager to find the best dogs for his important mission.

Ora si sentiva particolarmente contento che Buck facesse parte della squadra.

He felt especially pleased now that Buck was part of the team.

Nel giro di un'ora, alla squadra furono aggiunti altri tre husky.

Three more huskies were added to the team within an hour.

Ciò ha portato il numero totale dei cani della squadra a nove.

That brought the total number of dogs on the team to nine.

Nel giro di quindici minuti tutti i cani erano imbracati.

Within fifteen minutes all the dogs were in their harnesses.

La squadra di slitte stava risalendo il sentiero verso Dyea Cañon.

The sled team was swinging up the trail toward Dyea Cañon.

Buck era contento di andarsene, anche se il lavoro che lo attendeva era duro.

Buck felt glad to be leaving, even if the work ahead was hard.

Scoprì di non disprezzare particolarmente né il lavoro né il freddo.

He found he did not particularly despise the labor or the cold.

Fu sorpreso dall'entusiasmo che pervadeva tutta la squadra.

He was surprised by the eagerness that filled the whole team.

Ancora più sorprendente fu il cambiamento avvenuto in Dave e Solleks.

Even more surprising was the change that had come over Dave and Solleks.

Questi due cani erano completamente diversi quando venivano imbrigliati.

These two dogs were entirely different when they were harnessed.

La loro passività e la loro disattenzione erano completamente scomparse.

Their passiveness and lack of concern had completely disappeared.

Erano attenti e attivi, desiderosi di svolgere bene il loro lavoro.

They were alert and active, and eager to do their work well.

Si irritavano ferocemente per qualsiasi cosa provocasse ritardi o confusione.

They grew fiercely irritated at anything that caused delay or confusion.

Il duro lavoro sulle redini era il centro del loro intero essere.

The hard work on the reins was the center of their entire being.

Sembrava che l'unica cosa che gli piacesse davvero fosse tirare la slitta.

Sled pulling seemed to be the only thing they truly enjoyed.

Dave era in fondo al gruppo, il più vicino alla slitta.

Dave was at the back of the group, closest to the sled itself.

Buck fu messo davanti a Dave e Solleks superò Buck.

Buck was placed in front of Dave, and Solleks pulled ahead of Buck.

Il resto dei cani era disposto in fila indiana davanti a loro.

The rest of the dogs were strung out ahead in a single file.

La posizione di testa in prima linea era occupata da Spitz.

The lead position at the front was filled by Spitz.

Buck era stato messo tra Dave e Solleks per essere istruito.

Buck had been placed between Dave and Solleks for instruction.

Lui imparava in fretta e gli insegnanti erano risoluti e capaci.

He was a quick learner, and they were firm and capable teachers.

Non permisero mai a Buck di restare a lungo nell'errore.

They never allowed Buck to remain in error for long.

Quando necessario, impartivano le lezioni con denti affilati.

They taught their lessons with sharp teeth when needed.

Dave era giusto e dimostrava una saggezza pacata e seria.

Dave was fair and showed a quiet, serious kind of wisdom.

Non mordeva mai Buck senza una buona ragione.

He never bit Buck without a good reason to do so.

Ma non mancava mai di mordere quando Buck aveva bisogno di essere corretto.

But he never failed to bite when Buck needed correction.

La frusta di François era sempre pronta e sosteneva la loro autorità.

François's whip was always ready and backed up their authority.

Buck scoprì presto che era meglio obbedire che reagire.

Buck soon found it was better to obey than to fight back.

Una volta, durante un breve riposo, Buck rimase impigliato nelle redini.

Once, during a short rest, Buck got tangled in the reins.

Ritardò la partenza e confuse i movimenti della squadra.

He delayed the start and confused the team's movement.

Dave e Solleks si avventarono su di lui e lo picchiarono duramente.

Dave and Solleks flew at him and gave him a rough beating.

La situazione peggiorò ulteriormente, ma Buck imparò bene la lezione.

The tangle only got worse, but Buck learned his lesson well.

Da quel momento in poi tenne le redini tese e lavorò con attenzione.

From then on, he kept the reins taut, and worked carefully.

Prima che la giornata finisse, Buck aveva portato a termine gran parte del suo compito.

Before the day ended, Buck had mastered much of his task.

I suoi compagni di squadra quasi smisero di correggerlo o di morderlo.

His teammates almost stopped correcting or biting him.

La frusta di François schioccava nell'aria sempre meno spesso.

François's whip cracked through the air less and less often.

Perrault sollevò addirittura i piedi di Buck ed esaminò attentamente ogni zampa.

Perrault even lifted Buck's feet and carefully examined each paw.

Era stata una giornata di corsa dura, lunga ed estenuante per tutti loro.

It had been a hard day's run, long and exhausting for them all.

Risalirono il Cañon, attraversarono Sheep Camp e superarono le Scales.

They travelled up the Cañon, through Sheep Camp, and past the Scales.

Superarono il limite della vegetazione arborea, poi ghiacciai e cumuli di neve alti diversi metri.

They crossed the timber line, then glaciers and snowdrifts many feet deep.

Scalarono il grande e freddo Chilkoot Divide.

They climbed the great cold and forbidding Chilkoot Divide.

Quella cresta elevata si ergeva tra l'acqua salata e l'interno ghiacciato.

That high ridge stood between salt water and the frozen interior.

Le montagne custodivano il triste e solitario Nord con ghiaccio e ripide salite.

The mountains guarded the sad and lonely North with ice and steep climbs.

Scesero rapidamente lungo una lunga catena di laghi sotto la dorsale.

They made good time down a long chain of lakes below the divide.

Questi laghi riempivano gli antichi crateri di vulcani spenti.

Those lakes filled the ancient craters of extinct volcanoes.

Quella notte tardi raggiunsero un grande accampamento presso il lago Bennett.

Late that night, they reached a large camp at Lake Bennett.

Migliaia di cercatori d'oro erano lì, intenti a costruire barche per la primavera.

Thousands of gold seekers were there, building boats for spring.

Il ghiaccio si sarebbe presto rotto e dovevano essere pronti.

The ice was going break up soon, and they had to be ready.

Buck scavò la sua buca nella neve e cadde in un sonno profondo.

Buck dug his hole in the snow and fell into a deep sleep.

Dormiva come un lavoratore, esausto dopo una dura giornata di lavoro.

He slept like a working man, exhausted from the harsh day of toil.

Ma venne strappato al sonno troppo presto, nell'oscurità.

But too early in the darkness, he was dragged from sleep.

Fu nuovamente imbrigliato insieme ai suoi compagni e attaccato alla slitta.

He was harnessed with his mates again and attached to the sled.

Quel giorno percorsero quaranta miglia, perché la neve era ben calpestata.

That day they made forty miles, because the snow was well trodden.

Il giorno dopo, e per molti giorni a seguire, la neve era soffice.

The next day, and for many days after, the snow was soft.

Dovettero farsi strada da soli, lavorando di più e muovendosi più lentamente.

They had to make the path themselves, working harder and moving slower.

Di solito, Perrault camminava davanti alla squadra con le ciaspole palmate.

Usually, Perrault walked ahead of the team with webbed snowshoes.

I suoi passi compattavano la neve, facilitando lo spostamento della slitta.

His steps packed the snow, making it easier for the sled to move.

François, che era al timone della barca a vela, a volte prendeva il comando.

François, who steered from the gee-pole, sometimes took over.

Ma era raro che François prendesse l'iniziativa

But it was rare that François took the lead

perché Perrault aveva fretta di consegnare le lettere e i pacchi.

because Perrault was in a rush to deliver the letters and parcels.

Perrault era orgoglioso della sua conoscenza della neve, e in particolare del ghiaccio.

Perrault was proud of his knowledge of snow, and especially ice.

Questa conoscenza era essenziale perché il ghiaccio autunnale era pericolosamente sottile.

That knowledge was essential, because fall ice was dangerously thin.

Dove l'acqua scorreva rapidamente sotto la superficie non c'era affatto ghiaccio.

Where water flowed fast beneath the surface, there was no ice at all.

Giorno dopo giorno, la stessa routine si ripeteva senza fine.
Day after day, the same routine repeated without end.
Buck lavorava senza sosta con le redini, dall'alba alla sera.
Buck toiled endlessly in the reins from dawn until night.
Lasciarono l'accampamento al buio, molto prima che sorgesse il sole.
They left camp in the dark, long before the sun had risen.
Quando spuntò l'alba, avevano già percorso molti chilometri.
By the time daylight came, many miles were already behind them.
Si accamparono dopo il tramonto, mangiando pesce e scavando buche nella neve.
They pitched camp after dark, eating fish and burrowing into snow.
Buck era sempre affamato e non era mai veramente soddisfatto della sua razione.
Buck was always hungry and never truly satisfied with his ration.
Riceveva ogni giorno mezzo libbre di salmone essiccato.
He received a pound and a half of dried salmon each day.
Ma il cibo sembrò svanire dentro di lui, lasciandogli solo la fame.
But the food seemed to vanish inside him, leaving hunger behind.
Soffriva di continui morsi della fame e sognava di avere più cibo.
He suffered from constant pangs of hunger, and dreamed of more food.
Gli altri cani hanno ricevuto solo mezzo libbre di cibo, ma sono rimasti forti.
The other dogs got only one pound, but they stayed strong.
Erano più piccoli ed erano nati in una società nordica.
They were smaller, and had been born into the northern life.

Perse rapidamente la pignoleria che aveva caratterizzato la sua vecchia vita.

He swiftly lost the fastidiousness which had marked his old life.

Fino a quel momento era stato un mangiatore prelibato, ma ora non gli era più possibile.

He had been a dainty eater, but now that was no longer possible.

I suoi compagni arrivarono primi e gli rubarono la razione rimasta.

His mates finished first and robbed him of his unfinished ration.

Una volta cominciati, non c'era più modo di difendere il cibo da loro.

Once they began there was no way to defend his food from them.

Mentre lui lottava contro due o tre cani, gli altri rubarono il resto.

While he fought off two or three dogs, the others stole the rest.

Per risolvere il problema, cominciò a mangiare velocemente come mangiavano gli altri.

To fix this, he began eating as fast as the others ate.

La fame lo spingeva così forte che arrivò persino a prendere del cibo non suo.

Hunger pushed him so hard that he even took food not his own.

Osservò gli altri e imparò rapidamente dalle loro azioni.

He watched the others and learned quickly from their actions.

Vide Pike, un nuovo cane, rubare una fetta di pancetta a Perrault.

He saw Pike, a new dog, steal a slice of bacon from Perrault.

Pike aveva aspettato che Perrault gli voltasse le spalle per rubare la pagnotta.

Pike had waited until Perrault's back was turned to steal the bacon.

Il giorno dopo, Buck copiò Pike e rubò l'intero pezzo.

The next day, Buck copied Pike and stole the whole chunk.

Seguì un gran tumulto, ma Buck non fu sospettato.

A great uproar followed, but Buck was not suspected.

Al suo posto venne punito Dub, un cane goffo che veniva sempre beccato.

Dub, a clumsy dog who always got caught, was punished instead.

Quel primo furto fece di Buck un cane adatto a sopravvivere al Nord.

That first theft marked Buck as a dog fit to survive the North.

Ha dimostrato di sapersi adattare alle nuove condizioni e di saper imparare rapidamente.

He showed he could adapt to new conditions and learn quickly.

Senza tale adattabilità, sarebbe morto rapidamente e gravemente.

Without such adaptability, he would have died swiftly and badly.

Segnò anche il crollo della sua natura morale e dei suoi valori passati.

It also marked the breakdown of his moral nature and past values.

Nel Southland aveva vissuto secondo la legge dell'amore e della gentilezza.

In the Southland, he had lived under the law of love and kindness.

Lì aveva senso rispettare la proprietà e i sentimenti degli altri cani.

There it made sense to respect property and other dogs' feelings.

Ma i Northland seguivano la legge del bastone e la legge della zanna.

But the Northland followed the law of club and the law of fang.

Chiunque rispettasse i vecchi valori era uno sciocco e avrebbe fallito.

Whoever respected old values here was foolish and would fail.

Buck non rifletté su tutto questo nella sua mente.
Buck did not reason all this out in his mind.
Era in forma e quindi si adattò senza pensarci due volte.
He was fit, and so he adjusted without needing to think.
In tutta la sua vita non era mai fuggito da una rissa.
All his life, he had never run away from a fight.
Ma la clava di legno dell'uomo con il maglione rosso cambiò la regola.
But the wooden club of the man in the red sweater changed that rule.
Ora seguiva un codice più profondo e antico, inscritto nel suo essere.
Now he followed a deeper, older code written into his being.
Non rubava per piacere, ma per il dolore della fame.
He did not steal out of pleasure, but from the pain of hunger.
Non rubava mai apertamente, ma rubava con astuzia e attenzione.
He never robbed openly, but stole with cunning and care.
Agì per rispetto verso la clava di legno e per paura delle zanne.
He acted out of respect for the wooden club and fear of the fang.
In breve, ha fatto ciò che era più facile e sicuro che non farlo.
In short, he did what was easier and safer than not doing it.
Il suo sviluppo, o forse il suo ritorno ai vecchi istinti, fu rapido.
His development—or perhaps his return to old instincts—was fast.
I suoi muscoli si indurirono fino a diventare forti come il ferro.
His muscles hardened until they felt as strong as iron.
Non gli importava più del dolore, a meno che non fosse grave.
He no longer cared about pain, unless it was serious.
Divenne efficiente dentro e fuori, senza sprecare nulla.
He became efficient inside and out, wasting nothing at all.

Poteva mangiare cose disgustose, marce o difficili da digerire.

He could eat things that were vile, rotten, or hard to digest.

Qualunque cosa mangiasse, il suo stomaco ne sfruttava ogni singolo pezzetto di valore.

Whatever he ate, his stomach used every last bit of value.

Il suo sangue trasportava i nutrienti in tutto il suo potente corpo.

His blood carried the nutrients far through his powerful body.

Ciò gli ha permesso di sviluppare tessuti forti che gli hanno conferito un'incredibile resistenza.

This built strong tissues that gave him incredible endurance.

La sua vista e il suo olfatto diventarono molto più sensibili di prima.

His sight and smell became much more sensitive than before.

Il suo udito diventò così acuto che riusciva a percepire anche i suoni più deboli durante il sonno.

His hearing grew so sharp he could detect faint sounds in sleep.

Nei sogni sapeva se quei suoni significavano sicurezza o pericolo.

He knew in his dreams whether the sounds meant safety or danger.

Imparò a mordere con i denti il ghiaccio tra le dita dei piedi.

He learned to bite the ice between his toes with his teeth.

Se una pozza d'acqua si ghiacciava, lui rompeva il ghiaccio con le gambe.

If a water hole froze over, he would break the ice with his legs.

Si impennò e colpì duramente il ghiaccio con gli arti anteriori rigidi.

He reared up and struck the ice hard with stiff front limbs.

La sua abilità più sorprendente era quella di prevedere i cambiamenti del vento durante la notte.

His most striking ability was predicting wind changes overnight.

Anche quando l'aria era immobile, sceglieva luoghi riparati dal vento.

Even when the air was still, he chose spots sheltered from wind.

Ovunque scavasse il nido, il vento del giorno dopo lo superava.

Wherever he dug his nest, the next day's wind passed him by.

Alla fine si ritrovava sempre al sicuro e protetto, al riparo dal vento.

He always ended up snug and protected, to leeward of the breeze.

Buck non solo imparò dall'esperienza: anche il suo istinto tornò.

Buck not only learned by experience—his instincts returned too.

Le abitudini delle generazioni addomesticate cominciarono a scomparire.

The habits of domesticated generations began to fall away.

Ricordava vagamente i tempi antichi della sua razza.

In vague ways, he remembered the ancient times of his breed.

Ripensò a quando i cani selvatici correvano in branco nelle foreste.

He thought back to when wild dogs ran in packs through forests.

Avevano inseguito e ucciso la loro preda mentre la inseguivano.

They had chased and killed their prey while running it down.

Per Buck fu facile imparare a combattere con forza e velocità.

It was easy for Buck to learn how to fight with tooth and speed.

Come i suoi antenati, usava tagli, squarci e schiocchi rapidi.

He used cuts, slashes, and quick snaps just like his ancestors.

Quegli antenati si risvegliarono in lui e risvegliarono la sua natura selvaggia.

Those ancestors stirred within him and awoke his wild nature.

Le loro vecchie abilità gli erano state trasmesse attraverso la linea di sangue.

Their old skills had passed into him through the bloodline.

Ora i loro trucchi erano suoi, senza bisogno di pratica o sforzo.

Their tricks were his now, with no need for practice or effort.

Nelle notti fredde e tranquille, Buck sollevava il naso e ululò.

On still, cold nights, Buck lifted his nose and howled.

Ululò a lungo e profondamente, come facevano i lupi tanto tempo fa.

He howled long and deep, the way wolves had done long ago.

Attraverso di lui, i suoi antenati defunti puntarono il naso e ulularono.

Through him, his dead ancestors pointed their noses and howled.

Hanno ululato attraverso i secoli con la sua voce e la sua forma.

They howled down through the centuries in his voice and shape.

Le sue cadenze erano le loro, vecchi gridi che parlavano di dolore e di freddo.

His cadences were theirs, old cries that told of grief and cold.

Cantavano dell'oscurità, della fame e del significato dell'inverno.

They sang of darkness, of hunger, and the meaning of winter.

Buck ha dimostrato come la vita sia plasmata da forze che vanno oltre noi stessi,

Buck proved of how life is shaped by forces beyond oneself,

l'antico canto risuonò nelle vene di Buck e si impadronì della sua anima.

the ancient song rose through Buck and took hold of his soul.

Ritrovò se stesso perché gli uomini avevano trovato l'oro nel Nord.

He found himself because men had found gold in the North.

E lo trovò perché Manuel, l'aiutante giardiniere, aveva bisogno di soldi.

And he found himself because Manuel, the gardener's helper, needed money.

La Bestia Primordiale Dominante
The Dominant Primordial Beast

La bestia primordiale dominante era più forte che mai in Buck.

The dominant primordial beast was as strong as ever in Buck.

Ma la bestia primordiale dominante era rimasta dormiente in lui.

But the dominant primordial beast had lain dormant in him.

La vita sui sentieri era dura, ma rafforzava la bestia che era in Buck.

Trail life was harsh, but it strengthened beast inside Buck.

Segretamente la bestia diventava sempre più forte ogni giorno.

Secretly the beast grew stronger and stronger every day.

Ma quella crescita interiore è rimasta nascosta al mondo esterno.

But that inner growth stayed hidden to the outside world.

Dentro Buck si stava formando una forza primordiale calma e silenziosa.

A quiet and calm primordial force was building inside Buck.

Una nuova astuzia diede a Buck equilibrio, calma e compostezza.

New cunning gave Buck balance, calm control, and poise.

Buck si concentrò molto sull'adattamento, senza mai sentirsi completamente rilassato.

Buck focused hard on adapting, never feeling fully relaxed.

Evitava i conflitti, non provocava mai litigi né cercava guai.

He avoided conflict, never starting fights, nor seeking trouble.

Ogni mossa di Buck era scandita da una riflessione lenta e costante.

A slow, steady thoughtfulness shaped Buck's every move.

Evitava scelte avventate e decisioni improvvise e sconsiderate.

He avoided rash choices and sudden, reckless decisions.

Sebbene Buck odiasse profondamente Spitz, non gli mostrò alcuna aggressività.

Though Buck hated Spitz deeply, he showed him no aggression.

Buck non provocò mai Spitz e mantenne le sue azioni moderate.

Buck never provoked Spitz, and kept his actions restrained.

Spitz, d'altro canto, percepì il pericolo crescente in Buck.

Spitz, on the other hand, sensed the growing danger in Buck.

Vedeva Buck come una minaccia e una seria sfida al suo potere.

He saw Buck as a threat and a serious challenge to his power.

Coglieva ogni occasione per ringhiare e mostrare i suoi denti aguzzi.

He used every chance to snarl and show his sharp teeth.

Stava cercando di dare inizio allo scontro mortale che sarebbe dovuto avvenire.

He was trying to start the deadly fight that had to come.

All'inizio del viaggio, tra loro scoppiò quasi una lite.

Early in the trip, a fight nearly broke out between them.

Ma un incidente inaspettato impedì che il combattimento avesse luogo.

But an unexpected accident stopped the fight from happening.

Quella sera si accamparono sul gelido lago Le Barge.

That evening they set up camp on the bitterly cold Lake Le Barge.

La neve cadeva fitta e il vento era tagliente come una lama.

The snow was falling hard, and the wind cut like a knife.

La notte era scesa troppo in fretta e l'oscurità li aveva avvolti.

The night had come too fast, and darkness surrounded them.

Difficilmente avrebbero potuto scegliere un posto peggiore per riposare.

They could hardly have chosen a worse place for rest.

I cani cercavano disperatamente un posto dove sdraiarsi.

The dogs searched desperately for a place to lie down.

Dietro il piccolo gruppo si ergeva un'alta parete rocciosa.

A tall rock wall rose steeply behind the small group.

Per alleggerire il carico, la tenda era stata lasciata a Dyea.

The tent had been left behind in Dyea to lighten the load.

Non avevano altra scelta che accendere il fuoco direttamente sul ghiaccio.

They had no choice but to make the fire on the ice itself.

Stendevano i loro accappatoi direttamente sul lago ghiacciato.

They spread their sleeping robes directly on the frozen lake.

Qualche pezzo di legno galleggiante dava loro un po' di fuoco.

A few sticks of driftwood gave them a little bit of fire.

Ma il fuoco è stato acceso sul ghiaccio e attraverso di esso si è scongelato.

But the fire was built on the ice, and thawed through it.

Alla fine cenarono al buio.

Eventually they were eating their supper in darkness.

Buck si rannicchiò accanto alla roccia, al riparo dal vento freddo.

Buck curled up beside the rock, sheltered from the cold wind.

Il posto era così caldo e sicuro che Buck non voleva andarsene.

The spot was so warm and safe that Buck hated to move away.

Ma François aveva scaldato il pesce e stava distribuendo le razioni.

But François had warmed the fish and was handing out rations.

Buck finì di mangiare in fretta e tornò a letto.

Buck finished eating quickly, and returned to his bed.

Ma Spitz ora giaceva dove Buck aveva preparato il suo letto.

But Spitz was now laying where Buck had made his bed.

Un ringhio basso avvertì Buck che Spitz si rifiutava di muoversi.

A low snarl warned Buck that Spitz refused to move.

Finora Buck aveva evitato lo scontro con Spitz.

Until now, Buck had avoided this fight with Spitz.

Ma nel profondo di Buck la bestia alla fine si liberò.

But deep inside Buck the beast finally broke loose.

Il furto del suo posto letto era troppo da tollerare.

The theft of his sleeping place was too much to tolerate.

Buck si lanciò contro Spitz, pieno di rabbia e furore.
Buck launched himself at Spitz, full of anger and rage.
Fino a quel momento Spitz aveva pensato che Buck fosse solo un grosso cane.
Up until not Spitz had thought Buck was just a big dog.
Non pensava che Buck fosse sopravvissuto grazie al suo spirito.
He didn't think Buck had survived through his spirit.
Si aspettava paura e codardia, non furia e vendetta.
He was expecting fear and cowardice, not fury and revenge.
François rimase a guardare mentre entrambi i cani schizzavano fuori dal nido in rovina.
François stared as both dogs burst from the ruined nest.
Capì subito cosa aveva scatenato quella violenta lotta.
He understood at once what had started the wild struggle.
"Aa-ah!" gridò François in sostegno del cane marrone.
"A-a-ah!" François cried out in support of the brown dog.
"Dategli una bella lezione! Per Dio, punite quel ladro furbo!"
"Give him a beating! By God, punish that sneaky thief!"
Spitz dimostrò altrettanta prontezza e fervore nel combattere.
Spitz showed equal readiness and wild eagerness to fight.
Gridò di rabbia mentre girava velocemente in tondo, cercando un varco.
He cried out in rage while circling fast, seeking an opening.
Buck mostrò la stessa fame di combattere e la stessa cautela.
Buck showed the same hunger to fight, and the same caution.
Anche lui girò intorno al suo avversario, cercando di avere la meglio nella battaglia.
He circled his opponent as well, trying to gain the upper hand in battle.
Poi accadde qualcosa di inaspettato e cambiò tutto.
Then something unexpected happened and changed everything.
Quel momento ritardò l'eventuale lotta per la leadership.
That moment delayed the eventual fight for the leadership.

Ci sarebbero ancora molti chilometri di sentiero e di lotta da percorrere prima della fine.

Many miles of trail and struggle still waited before the end.

Perrault urlò un'imprecazione mentre una mazza colpiva l'osso.

Perrault shouted an oath as a club smacked against bone.

Seguì un acuto grido di dolore, poi il caos esplose tutt'intorno.

A sharp yelp of pain followed, then chaos exploded all around.

Forme scure si muovevano nell'accampamento: husky selvatici, affamati e feroci.

Dark shapes moved in camp; wild huskies, starved and fierce.

Quattro o cinque dozzine di husky avevano fiutato l'accampamento da molto lontano.

Four or five dozen huskies had sniffed the camp from far away.

Si erano introdotti furtivamente mentre i due cani litigavano lì vicino.

They had crept in quietly while the two dogs fought nearby.

François e Perrault si lanciarono all'attacco, colpendo con i manganelli gli invasori.

François and Perrault charged, swinging clubs at the invaders.

Gli husky affamati mostrarono i denti e si dibatterono freneticamente.

The starving huskies showed teeth and fought back in frenzy.

L'odore della carne e del pane li aveva fatti superare ogni paura.

The smell of meat and bread had driven them past all fear.

Perrault picchiò un cane che aveva nascosto la testa nella buca delle vivande.

Perrault beat a dog that had buried its head in the grub-box.

Il colpo fu violento e la scatola si ribaltò, facendo fuoriuscire il cibo.

The blow hit hard, and the box flipped, food spilling out.

Nel giro di pochi secondi, una ventina di bestie feroci si avventarono sul pane e sulla carne.

In seconds, a score of wild beasts tore into the bread and meat.

I bastoni degli uomini sferrarono un colpo dopo l'altro, ma nessun cane si allontanò.

The men's clubs landed blow after blow, but no dog turned away.

Urlarono di dolore, ma lottarono finché non rimase loro più niente da mangiare.

They howled in pain, but fought until no food remained.

Nel frattempo i cani da slitta erano saltati giù dalle loro culle innevate.

Meanwhile, the sled-dogs had jumped from their snowy beds.

Furono immediatamente attaccati dai feroci e affamati husky.

They were instantly attacked by the vicious hungry huskies.

Buck non aveva mai visto prima creature così selvagge e affamate.

Buck had never seen such wild and starved creatures before.

La loro pelle pendeva flaccida, nascondendo a malapena lo scheletro.

Their skin hung loose, barely hiding their skeletons.

C'era un fuoco nei loro occhi, per fame e follia

There was a fire in their eyes, from hunger and madness

Non c'era modo di fermarli, di resistere al loro assalto selvaggio.

There was no stopping them; no resisting their savage rush.

I cani da slitta vennero spinti indietro e premuti contro la parete della scogliera.

The sled-dogs were shoved back, pressed against the cliff wall.

Tre husky attaccarono Buck contemporaneamente, lacerandogli la carne.

Three huskies attacked Buck at once, tearing into his flesh.

Il sangue gli colava dalla testa e dalle spalle, dove era stato tagliato.

Blood poured from his head and shoulders, where he'd been cut.

Il rumore riempì l'accampamento: ringhi, guaiti e grida di dolore.

The noise filled the camp; growling, yelps, and cries of pain.

Billee pianse forte, come al solito, presa dal panico e dalla mischia.

Billee cried loudly, as usual, caught in the fray and panic.

Dave e Solleks rimasero fianco a fianco, sanguinanti ma con aria di sfida.

Dave and Solleks stood side by side, bleeding but defiant.

Joe lottava come un demonio, mordendo tutto ciò che gli si avvicinava.

Joe fought like a demon, biting anything that came close.

Con un violento schiocco di mascelle schiacciò la zampa di un husky.

He crushed a husky's leg with one brutal snap of his jaws.

Pike saltò sull'husky ferito e gli ruppe il collo all'istante.

Pike jumped on the wounded husky and broke its neck instantly.

Buck afferrò un husky per la gola e gli strappò la vena.

Buck caught a husky by the throat and ripped through the vein.

Il sangue schizzò e il sapore caldo mandò Buck in delirio.

Blood sprayed, and the warm taste drove Buck into a frenzy.

Si lanciò contro un altro aggressore senza esitazione.

He hurled himself at another attacker without hesitation.

Nello stesso momento, denti aguzzi si conficcarono nella gola di Buck.

At the same moment, sharp teeth dug into Buck's own throat.

Spitz aveva colpito di lato, attaccando senza preavviso.

Spitz had struck from the side, attacking without warning.

Perrault e François avevano sconfitto i cani rubando il cibo.

Perrault and François had defeated the dogs stealing the food.

Ora si precipitarono ad aiutare i loro cani a respingere gli aggressori.

Now they rushed to help their dogs fight back the attackers.

I cani affamati si ritirarono mentre gli uomini roteavano i loro manganelli.

The starving dogs retreated as the men swung their clubs.

Buck riuscì a liberarsi dall'attacco, ma la fuga fu breve.

Buck broke free from the attack, but the escape was brief.

Gli uomini corsero a salvare i loro cani e gli husky tornarono ad attaccarli.

The men ran to save their dogs, and the huskies swarmed again.

Billee, spaventato e coraggioso, si lanciò nel branco di cani.

Billee, frightened into bravery, leapt into the pack of dogs.

Ma poi fuggì attraverso il ghiaccio, in preda al terrore e al panico.

But then he fled across the ice, in raw terror and panic.

Pike e Dub li seguirono da vicino, correndo per salvarsi la vita.

Pike and Dub followed close behind, running for their lives.

Il resto della squadra si disperse e li inseguì.

The rest of the team broke and scattered, following after them.

Buck raccolse le forze per correre, ma poi vide un lampo.

Buck gathered his strength to run, but then saw a flash.

Spitz si lanciò verso Buck, cercando di buttarlo a terra.

Spitz lunged at Buck's side, trying to knock him to the ground.

Sotto quella banda di husky, Buck non avrebbe avuto scampo.

Under that mob of huskies, Buck would have had no escape.

Ma Buck rimase fermo e si preparò al colpo di Spitz.

But Buck stood firm and braced for the blow from Spitz.

Poi si voltò e corse sul ghiaccio con la squadra in fuga.

Then he turned and ran out onto the ice with the fleeing team.

Più tardi i nove cani da slitta si radunarono al riparo del bosco.

Later, the nine sled-dogs gathered in the shelter of the woods.

Nessuno li inseguiva più, ma erano malconci e feriti.

No one chased them anymore, but they were battered and wounded.

Ogni cane presentava delle ferite: quattro o cinque tagli profondi su ogni corpo.

Each dog had wounds; four or five deep cuts on every body.

Dub aveva una zampa posteriore ferita e ora faceva fatica a camminare.

Dub had an injured hind leg and struggled to walk now.

Dolly, l'ultimo cane arrivato da Dyea, aveva la gola tagliata.

Dolly, the newest dog from Dyea, had a slashed throat.

Joe aveva perso un occhio e l'orecchio di Billee era stato tagliato a pezzi

Joe had lost an eye, and Billee's ear was cut to pieces

Tutti i cani piansero per il dolore e la sconfitta durante la notte.

All the dogs cried in pain and defeat through the night.

All'alba tornarono lentamente all'accampamento, doloranti e distrutti.

At dawn they crept back to camp, sore and broken.

Gli husky erano scomparsi, ma il danno era fatto.

The huskies had vanished, but the damage had been done.

Perrault e François erano di pessimo umore e osservavano le rovine.

Perrault and François stood in foul moods over the ruin.

Metà del cibo era sparito, rubato dai ladri affamati.

Half of the food was gone, snatched by the hungry thieves.

Gli husky avevano strappato le corde e la tela della slitta.

The huskies had torn through sled bindings and canvas.

Tutto ciò che aveva odore di cibo era stato divorato completamente.

Anything with a smell of food had been devoured completely.

Mangiarono un paio di stivali da viaggio in pelle di alce di Perrault.

They ate a pair of Perrault's moose-hide traveling boots.

Hanno masticato le pelli e rovinato i cinturini rendendoli inutilizzabili.

They chewed leather reis and ruined straps beyond use.

François smise di fissare la frusta strappata per controllare i cani.

François stopped staring at the torn lash to check the dogs.

«Ah, amici miei», disse con voce bassa e preoccupata.

"Ah, my friends," he said, his voice low and filled with worry.

"Forse tutti questi morsi vi trasformeranno in bestie pazze."
"Maybe all these bites will turn you into mad beasts."
"Forse tutti cani rabbiosi, sacredam! Che ne pensi, Perrault?"
"Maybe all mad dogs, sacredam! What do you think, Perrault?"
Perrault scosse la testa, con gli occhi scuri per la preoccupazione e la paura.
Perrault shook his head, eyes dark with concern and fear.
C'erano ancora quattrocento miglia tra loro e Dawson.
Four hundred miles still lay between them and Dawson.
La follia dei cani potrebbe ormai distruggere ogni possibilità di sopravvivenza.
Dog madness now could destroy any chance of survival.
Hanno passato due ore a imprecare e a cercare di riparare l'attrezzatura.
They spent two hours swearing and trying to fix the gear.
La squadra ferita alla fine lasciò l'accampamento, distrutta e sconfitta.
The wounded team finally left the camp, broken and defeated.
Questo è stato il sentiero più duro finora e ogni passo è stato doloroso.
This was the hardest trail yet, and each step was painful.
Il fiume Thirty Mile non era ghiacciato e scorreva impetuoso.
The Thirty Mile River had not frozen, and was rushing wildly.
Soltanto nei punti calmi e nei vortici il ghiaccio riusciva a resistere.
Only in calm spots and swirling eddies did ice manage to hold.
Trascorsero sei giorni di duro lavoro per percorrere le trenta miglia.
Six days of hard labor passed until the thirty miles were done.
Ogni miglio del sentiero porta con sé pericoli e minacce di morte.
Each mile of the trail brought danger and the threat of death.
Uomini e cani rischiavano la vita a ogni passo doloroso.
The men and dogs risked their lives with every painful step.

Perrault riuscì a superare i sottili ponti di ghiaccio una dozzina di volte.

Perrault broke through thin ice bridges a dozen different times.

Prese un palo e lo lasciò cadere nel buco creato dal suo corpo.

He carried a pole and let it fall across the hole his body made.

Quel palo salvò Perrault più di una volta dall'annegamento.

More than once did that pole save Perrault from drowning.

L'ondata di freddo persisteva, la temperatura era di cinquanta gradi sotto zero.

The cold snap held firm, the air was fifty degrees below zero.

Ogni volta che cadeva, Perrault era costretto ad accendere un fuoco per sopravvivere.

Every time he fell in, Perrault had to light a fire to survive.

Gli abiti bagnati si congelavano rapidamente, perciò li faceva asciugare vicino al calore cocente.

Wet clothing froze fast, so he dried them near blazing heat.

Perrault non provava mai paura, e questo faceva di lui un corriere.

No fear ever touched Perrault, and that made him a courier.

Fu scelto per affrontare il pericolo e lo affrontò con silenziosa determinazione.

He was chosen for danger, and he met it with quiet resolve.

Si spinse in avanti controvento, con il viso raggrinzito e congelato.

He pressed forward into wind, his shriveled face frostbitten.

Perrault li guidò in avanti, dall'alba al tramonto.

From faint dawn to nightfall, Perrault led them onward.

Camminava sul ghiaccio sottile che scricchiolava a ogni passo.

He walked on narrow rim ice that cracked with every step.

Non osavano fermarsi: ogni pausa rischiava di provocare un crollo mortale.

They dared not stop—each pause risked a deadly collapse.

Una volta la slitta si ruppe, trascinando dentro Dave e Buck.

One time the sled broke through, pulling Dave and Buck in.

Quando furono liberati, entrambi erano quasi congelati.

By the time they were dragged free, both were near frozen.

Gli uomini accesero rapidamente un fuoco per salvare Buck e Dave.

The men built a fire quickly to keep Buck and Dave alive.

I cani erano ricoperti di ghiaccio dal naso alla coda, rigidi come legno intagliato.

The dogs were coated in ice from nose to tail, stiff as carved wood.

Gli uomini li fecero correre in cerchio vicino al fuoco per scongelarne i corpi.

The men ran them in circles near the fire to thaw their bodies.

Si avvicinarono così tanto alle fiamme che la loro pelliccia rimase bruciacchiata.

They came so close to the flames that their fur was singed.

Spitz ruppe poi il ghiaccio, trascinando dietro di sé la squadra.

Spitz broke through the ice next, dragging in the team behind him.

La frenata arrivava fino al punto in cui Buck stava tirando.

The break reached all the way up to where Buck was pulling.

Buck si appoggiò bruscamente allo schienale, con le zampe che scivolavano e tremavano sul bordo.

Buck leaned back hard, paws slipping and trembling on the edge.

Anche Dave si sforzò all'indietro, proprio dietro Buck sulla linea.

Dave also strained backward, just behind Buck on the line.

François tirava la slitta e i suoi muscoli scricchiolavano per lo sforzo.

François hauled on the sled, his muscles cracking with effort.

Un'altra volta, il ghiaccio del bordo si è crepato davanti e dietro la slitta.

Another time, rim ice cracked before and behind the sled.

Non avevano altra via d'uscita se non quella di arrampicarsi su una parete ghiacciata.

They had no way out except to climb a frozen cliff wall.

In qualche modo Perrault riuscì a scalare il muro: un miracolo lo tenne in vita.

Perrault somehow climbed the wall; a miracle kept him alive.

François rimase sottocoperta, pregando di avere la stessa fortuna.

François stayed below, praying for the same kind of luck.

Legarono ogni cinghia, legatura e tirante in un'unica lunga corda.

They tied every strap, lashing, and trace into one long rope.

Gli uomini trascinarono i cani uno alla volta fino in cima.

The men hauled each dog up, one at a time to the top.

François salì per ultimo, dopo la slitta è tutto il carico.

François climbed last, after the sled and the entire load.

Poi iniziò una lunga ricerca di un sentiero che scendesse dalle scogliere.

Then began a long search for a path down from the cliffs.

Alla fine scesero utilizzando la stessa corda che avevano costruito.

They finally descended using the same rope they had made.

Scese la notte mentre ritornavano al letto del fiume, esausti e doloranti.

Night fell as they returned to the riverbed, exhausted and sore.

L'intera giornata aveva fatto guadagnare loro solo un quarto di miglio di dislivello.

The full day had earned them only a quarter mile of gain.

Quando giunsero all'Hootalinqua, Buck era sfinito.

By the time they reached the Hootalinqua, Buck was worn out.

Anche gli altri cani soffrivano le stesse condizioni del sentiero.

The other dogs suffered just as badly from the trail conditions.

Ma Perrault aveva bisogno di recuperare tempo e li spingeva avanti giorno dopo giorno.

But Perrault needed to recover time, and pushed them on each day.

Il primo giorno percorsero trenta miglia fino a Big Salmon.

The first day they traveled thirty miles to Big Salmon.

Il giorno dopo percorsero trentacinque miglia fino a Little Salmon.

The next day they travelled thirty-five miles to Little Salmon.

Il terzo giorno percorsero quaranta miglia ghiacciate.

On the third day they pushed through forty long frozen miles.

A quel punto si stavano avvicinando all'insediamento di Five Fingers.

By then, they were nearing the settlement of Five Fingers.

I piedi di Buck erano più morbidi di quelli duri degli husky autoctoni.

Buck's feet were softer than the hard feet of native huskies.

Le sue zampe erano diventate tenere nel corso di molte generazioni civilizzate.

His paws had grown tender over many civilized generations.

Molto tempo fa, i suoi antenati erano stati addomesticati dagli uomini del fiume o dai cacciatori.

Long ago, his ancestors had been tamed by river men or hunters.

Ogni giorno Buck zoppicava per il dolore, camminando con le zampe screpolate e doloranti.

Every day Buck limped in pain, walking on raw, aching paws.

Giunto all'accampamento, Buck cadde come un corpo senza vita sulla neve.

At camp, Buck dropped like a lifeless form upon the snow.

Sebbene fosse affamato, Buck non si alzò per consumare il pasto serale.

Though starving, Buck did not rise to eat his evening meal.

François portò la sua razione a Buck, mettendogli del pesce vicino al muso.

François brought Buck his ration, laying fish by his muzzle.

Ogni notte l'autista massaggiava i piedi di Buck per mezz'ora.

Each night the driver rubbed Buck's feet for half an hour.

François arrivò persino a tagliare i suoi mocassini per farne delle calzature per cani.

François even cut up his own moccasins to make dog footwear.

Quattro scarpe calde diedero a Buck un grande e gradito sollievo.

Four warm shoes gave Buck a great and welcome relief.

Una mattina François dimenticò le scarpe e Buck si rifiutò di alzarsi.

One morning, François forgot the shoes, and Buck refused to rise.

Buck giaceva sulla schiena, con i piedi in aria, e li agitava in modo pietoso.

Buck lay on his back, feet in the air, waving them pitifully.

Persino Perrault sorrise alla vista dell'appello drammatico di Buck.

Even Perrault grinned at the sight of Buck's dramatic plea.

Ben presto i piedi di Buck diventarono duri e le scarpe poterono essere gettate via.

Soon Buck's feet grew hard, and the shoes could be discarded.

A Pelly, durante il periodo in cui veniva imbrigliata, Dolly emise un ululato terribile.

At Pelly, during harness time, Dolly let out a dreadful howl.

Il grido era lungo e pieno di follia, e fece tremare tutti i cani.

The cry was long and filled with madness, shaking every dog.

Ogni cane si rizzava per la paura, senza capirne il motivo.

Each dog bristled in fear without knowing the reason.

Dolly era impazzita e si era scagliata contro Buck.

Dolly had gone mad and hurled herself straight at Buck.

Buck non aveva mai visto la follia, ma l'orrore gli riempì il cuore.

Buck had never seen madness, but horror filled his heart.

Senza pensarci due volte, si voltò e fuggì in preda al panico più assoluto.

With no thought, he turned and fled in absolute panic.

Dolly lo inseguì, con gli occhi selvaggi e la saliva che le colava dalle fauci.

Dolly chased him, her eyes wild, saliva flying from her jaws.

Si tenne sempre dietro a Buck, senza mai guadagnare terreno e senza mai arretrare.

She kept right behind Buck, never gaining and never falling back.

Buck corse attraverso i boschi, giù per l'isola, sul ghiaccio frastagliato.

Buck ran through woods, down the island, across jagged ice.

Attraversò un'isola, poi un'altra, per poi tornare indietro verso il fiume.

He crossed to an island, then another, circling back to the river.

Dolly continuava a inseguirlo, ringhiando sempre più forte a ogni passo.

Still Dolly chased him, her growl close behind at every step.

Buck poteva sentire il suo respiro e la sua rabbia, anche se non osava voltarsi indietro.

Buck could hear her breath and rage, though he dared not look back.

François gridò da lontano e Buck si voltò verso la voce.

François shouted from afar, and Buck turned toward the voice.

Ancora senza fiato, Buck corse oltre, riponendo ogni speranza in François.

Still gasping for air, Buck ran past, placing all hope in François.

Il conducente del cane sollevò un'ascia e aspettò che Buck gli passasse accanto.

The dog-driver raised an axe and waited as Buck flew past.

L'ascia calò rapidamente e colpì la testa di Dolly con forza mortale.

The axe came down fast and struck Dolly's head with deadly force.

Buck crollò vicino alla slitta, ansimando e incapace di muoversi.

Buck collapsed near the sled, wheezing and unable to move.

In quel momento Spitz ebbe la possibilità di colpire un nemico esausto.

That moment gave Spitz his chance to strike an exhausted foe.

Morse Buck due volte, strappandogli la carne fino all'osso bianco.

Twice he bit Buck, ripping flesh down to the white bone.

La frusta di François schioccò, colpendo Spitz con tutta la sua forza furiosa.

François's whip cracked, striking Spitz with full, furious force.

Buck guardò con gioia Spitz mentre riceveva il pestaggio più duro fino a quel momento.

Buck watched with joy as Spitz received his harshest beating yet.

«È un diavolo, quello Spitz», mormorò Perrault cupamente tra sé e sé.

"He's a devil, that Spitz," Perrault muttered darkly to himself.

"Un giorno o l'altro, quel cane maledetto ucciderà Buck, lo giuro."

"Someday soon, that cursed dog will kill Buck—I swear it."

«Quel Buck ha due diavoli dentro di sé», rispose François annuendo.

"That Buck has two devils in him," François replied with a nod.

"Quando osservo Buck, so che dentro di lui si cela qualcosa di feroce."

"When I watch Buck, I know something fierce waits in him."

"Un giorno, si infurierà come il fuoco e farà a pezzi Spitz."

"One day, he'll get mad as fire and tear Spitz to pieces."

"Masticherà quel cane e lo sputerà sulla neve ghiacciata."

"He'll chew that dog up and spit him on the frozen snow."

"Certo, lo so fin nel profondo."

"Sure as anything, I know this deep in my bones."

Da quel momento in poi, i due cani furono in guerra tra loro.

From that moment forward, the two dogs were locked in war.

Spitz guidava la squadra e deteneva il potere, ma Buck lo sfidava.

Spitz led the team and held power, but Buck challenged that.

Spitz si rese conto che il suo rango era minacciato da questo strano straniero del Sud.

Spitz saw his rank threatened by this odd Southland stranger.

Buck era diverso da tutti i cani del sud che Spitz aveva conosciuto fino ad allora.

Buck was unlike any southern dog Spitz had known before.

La maggior parte di loro fallì: troppo deboli per sopravvivere al freddo e alla fame.

Most of them failed—too weak to live through cold and hunger.

Morirono rapidamente a causa del lavoro, del gelo e del lento bruciare della carestia.

They died fast under labor, frost, and the slow burn of famine.

Buck si distingueva: ogni giorno più forte, più intelligente e più selvaggio.

Buck stood apart—stronger, smarter, and more savage each day.

Ha prosperato nonostante le difficoltà, crescendo al pari degli husky del nord.

He thrived on hardship, growing to match the northern huskies.

Buck era forte, aveva un'abilità straordinaria e un istinto paziente e letale.

Buck had strength, wild skill, and a patient, deadly instinct.

L'uomo con la mazza aveva annientato Buck per fargli perdere la temerarietà.

The man with the club had beaten rashness out of Buck.

La furia cieca se n'era andata, sostituita da un'astuzia silenziosa e dal controllo.

Blind fury was gone, replaced by quiet cunning and control.

Attese, calmo e primordiale, in attesa del momento giusto.

He waited, calm and primal, watching for the right moment.

La loro lotta per il comando divenne inevitabile e chiara.

Their fight for command became unavoidable and clear.

Buck desiderava la leadership perché il suo spirito la richiedeva.

Buck desired leadership because his spirit demanded it.

Era guidato da quello strano orgoglio che nasce dal sentiero e dall'imbracatura.

He was driven by the strange pride born of trail and harness.

Quell'orgoglio faceva sì che i cani tirassero fino a crollare sulla neve.

That pride made dogs pull till they collapsed on the snow.

L'orgoglio li spinse a dare tutta la forza che avevano.

Pride lured them into giving all the strength they had.

L'orgoglio può trascinare un cane da slitta fino al punto di ucciderlo.

Pride can lure a sled-dog even to the point of death.

Perdere l'imbracatura rendeva i cani deboli e senza scopo.

Losing the harness left dogs broken and without purpose.

Il cuore di un cane da slitta può essere spezzato dalla vergogna quando va in pensione.

The heart of a sled-dog can be crushed by shame when they retire.

Dave viveva con questo orgoglio mentre trascinava la slitta da dietro.

Dave lived by that pride as he dragged the sled from behind.

Anche Solleks diede il massimo con cupa forza e lealtà.

Solleks, too, gave his all with grim strength and loyalty.

Ogni mattina l'orgoglio li trasformava da amareggiati a determinati.

Each morning, pride turned them from bitter to determined.

Spinsero per tutto il giorno, poi tacquero una volta giunti alla fine dell'accampamento.

They pushed all day, then dropped silent at the camp's end.

Quell'orgoglio diede a Spitz la forza di mettere in riga i fannulloni.

That pride gave Spitz the strength to beat shirkers into line.

Spitz temeva Buck perché Buck nutriva lo stesso profondo orgoglio.

Spitz feared Buck because Buck carried that same deep pride.

L'orgoglio di Buck ora si agitò contro Spitz, ma lui non si fermò.

Buck's pride now stirred against Spitz, and he did not stop.

Buck sfidò il potere di Spitz e gli impedì di punire i cani.

Buck defied Spitz's power and blocked him from punishing dogs.

Quando gli altri fallivano, Buck si frapponeva tra loro e il loro capo.

When others failed, Buck stepped between them and their leader.

Lo fece con intenzione, rendendo la sua sfida aperta e chiara.

He did this with intent, making his challenge open and clear.

Una notte una forte nevicata coprì il mondo in un profondo silenzio.

On one night heavy snow blanketed the world in deep silence.

La mattina dopo, Pike, pigro come sempre, non si alzò per andare al lavoro.

The next morning, Pike, lazy as ever, did not rise for work.

Rimase nascosto nel suo nido sotto uno spesso strato di neve.

He stayed hidden in his nest beneath a thick layer of snow.

François gridò e cercò, ma non riuscì a trovare il cane.

François called out and searched, but could not find the dog.

Spitz si infuriò e si scagliò contro l'accampamento coperto di neve.

Spitz grew furious and stormed through the snow-covered camp.

Ringhiava e annusava, scavando freneticamente con gli occhi fiammeggianti.

He growled and sniffed, digging madly with blazing eyes.

La sua rabbia era così violenta che Pike tremava sotto la neve per la paura.

His rage was so fierce that Pike shook under the snow in fear.

Quando finalmente Pike fu trovato, Spitz si lanciò per punire il cane nascosto.

When Pike was finally found, Spitz lunged to punish the hiding dog.

Ma Buck si scagliò tra loro con una furia pari a quella di Spitz.

But Buck sprang between them with a fury equal to Spitz's own.

L'attacco fu così improvviso e astuto che Spitz cadde a terra.

The attack was so sudden and clever that Spitz fell off his feet.

Pike, che tremava, trasse coraggio da questa sfida.

Pike, who had been shaking, took courage from this defiance.

Seguendo l'audace esempio di Buck, saltò sullo Spitz caduto.

He leapt on the fallen Spitz, following Buck's bold example.

Buck, non più vincolato dall'equità, si unì allo sciopero di Spitz.

Buck, no longer bound by fairness, joined the strike on Spitz.

François, divertito ma fermo nella disciplina, agitò la sua pesante frusta.

François, amused yet firm in discipline, swung his heavy lash.

Colpì Buck con tutta la sua forza per interrompere la rissa.

He struck Buck with all his strength to break up the fight.

Buck si rifiutò di muoversi e rimase in groppa al capo caduto.

Buck refused to move and stayed atop the fallen leader.

François allora usò il manico della frusta e colpì Buck con violenza.

François then used the whip's handle, hitting Buck hard.

Barcollando per il colpo, Buck cadde all'indietro sotto l'assalto.

Staggering from the blow, Buck fell back under the assault.

François colpì più volte mentre Spitz puniva Pike.

François struck again and again while Spitz punished Pike.

Passarono i giorni e Dawson City si avvicinava sempre di più.

Days passed, and Dawson City grew nearer and nearer.

Buck continuava a intromettersi, infilandosi tra Spitz e gli altri cani.

Buck kept interfering, slipping between Spitz and other dogs.

Sceglieva bene i suoi momenti, aspettando sempre che François se ne andasse.

He chose his moments well, always waiting for François to leave.

La ribellione silenziosa di Buck si diffuse e il disordine prese piede nella squadra.

Buck's quiet rebellion spread, and disorder took root in the team.

Dave e Solleks rimasero leali, ma altri diventarono indisciplinati.

Dave and Solleks stayed loyal, but others grew unruly.

La squadra peggiorò: divenne irrequieta, litigiosa e fuori luogo.

The team grew worse—restless, quarrelsome, and out of line.

Ormai niente filava liscio e le liti diventavano all'ordine del giorno.

Nothing worked smoothly anymore, and fights became common.

Buck rimase sempre al centro dei guai, provocando disordini.

Buck stayed at the heart of the trouble, always provoking unrest.

François rimase vigile, temendo la lotta tra Buck e Spitz.

François stayed alert, afraid of the fight between Buck and Spitz.

Ogni notte veniva svegliato da zuffe e temeva che finalmente fosse arrivato l'inizio.

Each night, scuffles woke him, fearing the beginning finally arrived.

Balzò fuori dalla veste, pronto a interrompere la rissa.

He leapt from his robe, ready to break up the fight.

Ma il momento non arrivò mai e alla fine raggiunsero Dawson.

But the moment never came, and they reached Dawson at last.

La squadra entrò in città in un pomeriggio cupo, teso e silenzioso.

The team entered the town one bleak afternoon, tense and quiet.

La grande battaglia per la leadership era ancora sospesa nell'aria gelida.

The great battle for leadership still hung in the frozen air.

Dawson era piena di uomini e cani da slitta, tutti impegnati nel lavoro.

Dawson was full of men and sled-dogs, all busy with work.

Buck osservava i cani trainare i carichi dalla mattina alla sera.

Buck watched the dogs pull loads from morning until night.

Trasportavano tronchi e legna da ardere e spedivano rifornimenti alle miniere.

They hauled logs and firewood, freighted supplies to the mines.

Nel Southland, dove un tempo lavoravano i cavalli, ora lavoravano i cani.

Where horses once worked in the Southland, dogs now labored.

Buck vide alcuni cani provenienti dal Sud, ma la maggior parte erano husky simili a lupi.

Buck saw some dogs from the South, but most were wolf-like huskies.

Di notte, puntuali come un orologio, i cani alzavano la voce e cantavano.

At night, like clockwork, the dogs raised their voices in song.

Alle nove, a mezzanotte e di nuovo alle tre, il canto cominciò.

At nine, at midnight, and again at three, the singing began.

Buck amava unirsi al loro canto inquietante, selvaggio e antico nel suono.

Buck loved joining their eerie chant, wild and ancient in sound.

L'aurora fiammeggiava, le stelle danzavano e la neve ricopriva la terra.

The aurora flamed, stars danced, and snow blanketed the land.

Il canto dei cani si elevava come un grido contro il silenzio e il freddo pungente.

The dogs' song rose as a cry against silence and bitter cold.

Ma il loro urlo esprimeva tristezza, non sfida, in ogni lunga nota.

But their howl held sorrow, not defiance, in every long note.

Ogni lamento era pieno di supplica: il peso stesso della vita.

Each wailing cry was full of pleading; the burden of life itself.

Quella canzone era vecchia, più vecchia delle città e più vecchia degli incendi

That song was old—older than towns, and older than fires

Quel canto era più antico perfino delle voci degli uomini.

That song was more ancient even than the voices of men.

Era una canzone del mondo dei giovani, quando tutte le canzoni erano tristi.

It was a song from the young world, when all songs were sad.

La canzone porta con sé il dolore di innumerevoli generazioni di cani.

The song carried sorrow from countless generations of dogs.

Buck percepì profondamente la melodia, gemendo per un dolore radicato nei secoli.

Buck felt the melody deeply, moaning from pain rooted in the ages.

Singhiozzava per un dolore antico quanto il sangue selvaggio nelle sue vene.

He sobbed from a grief as old as the wild blood in his veins.

Il freddo, l'oscurità e il mistero toccarono l'anima di Buck.

The cold, the dark, and the mystery touched Buck's soul.

Quella canzone dimostrava quanto Buck fosse tornato alle sue origini.

That song proved how far Buck had returned to his origins.

Tra la neve e gli ululati aveva trovato l'inizio della sua vita.

Through snow and howling he had found the start of his own life.

Sette giorni dopo l'arrivo a Dawson, ripartirono.

Seven days after arriving in Dawson, they set off once again.

La squadra si è lanciata dalla caserma fino allo Yukon Trail.

The team dropped from the Barracks down to the Yukon Trail.

Iniziarono il viaggio di ritorno verso Dyea e Salt Water.

They began the journey back toward Dyea and Salt Water.

Perrault trasmise dispacci ancora più urgenti di prima.

Perrault carried dispatches even more urgent than before.

Era anche preso dall'orgoglio per la corsa e puntava a stabilire un record.

He was also seized by trail pride and aimed to set a record.

Questa volta Perrault aveva diversi vantaggi.

This time, several advantages were on Perrault's side.

I cani avevano riposato per un'intera settimana e avevano ripreso le forze.

The dogs had rested for a full week and regained their strength.

La pista che avevano tracciato era ora battuta da altri.

The trail they had broken was now hard-packed by others.

In alcuni punti la polizia aveva immagazzinato cibo sia per i cani che per gli uomini.

In places, police had stored food for dogs and men alike.

Perrault viaggiava leggero, si muoveva velocemente e aveva poco a cui aggrapparsi.

Perrault traveled light, moving fast with little to weigh him down.

La prima sera raggiunsero la Sixty-Mile, una corsa lunga cinquanta miglia.

They reached Sixty-Mile, a fifty-mile run, by the first night.

Il secondo giorno risalirono rapidamente lo Yukon in direzione di Pelly.

On the second day, they rushed up the Yukon toward Pelly.

Ma questi grandi progressi comportarono anche molta fatica per François.

But such fine progress came with much strain for François.

La ribellione silenziosa di Buck aveva infranto la disciplina della squadra.

Buck's quiet rebellion had shattered the team's discipline.

Non si univano più come un'unica bestia al comando.

They no longer pulled together like one beast in the reins.

Buck aveva spinto altri alla sfida con il suo coraggioso esempio.

Buck had led others into defiance through his bold example.

L'ordine di Spitz non veniva più accolto con timore o rispetto.

Spitz's command was no longer met with fear or respect.

Gli altri persero ogni timore reverenziale nei suoi confronti e osarono opporsi al suo governo.

The others lost their awe of him and dared to resist his rule.

Una notte, Pike rubò mezzo pesce e lo mangiò sotto gli occhi di Buck.

One night, Pike stole half a fish and ate it under Buck's eye.

Un'altra notte, Dub e Joe combatterono contro Spitz e rimasero impuniti.

Another night, Dub and Joe fought Spitz and went unpunished.

Anche Billee gemette meno dolcemente e mostrò una nuova acutezza.

Even Billee whined less sweetly and showed new sharpness.

Buck ringhiava a Spitz ogni volta che si incrociavano.

Buck snarled at Spitz every time they crossed paths.

L'atteggiamento di Buck divenne audace e minaccioso, quasi come quello di un bullo.

Buck's attitude grew bold and threatening, nearly like a bully.

Camminava avanti e indietro davanti a Spitz con un'andatura spavalda e piena di minaccia beffarda.

He paced before Spitz with a swagger, full of mocking menace.

Questo crollo dell'ordine si diffuse anche tra i cani da slitta.

That collapse of order also spread among the sled-dogs.

Litigarono e discussero più che mai, riempiendo l'accampamento di rumore.

They fought and argued more than ever, filling camp with noise.

Ogni notte la vita nel campeggio si trasformava in un caos selvaggio e ululante.

Camp life turned into a wild, howling chaos each night.

Solo Dave e Solleks rimasero fermi e concentrati.

Only Dave and Solleks remained steady and focused.

Ma anche loro diventarono irascibili a causa delle continue risse.

But even they became short-tempered from the constant brawls.

François imprecò in lingue strane e batté i piedi per la frustrazione.

François cursed in strange tongues and stomped in frustration.

Si strappò i capelli e urlò mentre la neve gli volava sotto i piedi.

He tore at his hair and shouted while snow flew underfoot.

La sua frusta schioccò contro il gruppo, ma a malapena riuscì a tenerli in riga.

His whip snapped across the pack but barely kept them in line.

Ogni volta che voltava le spalle, la lotta ricominciava.

Whenever his back was turned, the fighting broke out again.

François usò la frusta per Spitz, mentre Buck guidava i ribelli.

François used the lash for Spitz, while Buck led the rebels.

Ognuno conosceva il ruolo dell'altro, ma Buck evitava di addossarsi la colpa.

Each knew the other's role, but Buck avoided any blame.

François non ha mai colto Buck mentre iniziava una rissa o mentre si sottraeva al suo lavoro.

François never caught Buck starting a fight or shirking his job.

Buck lavorava duramente ai finimenti: la fatica ora gli dava entusiasmo.

Buck worked hard in harness—the toil now thrilled his spirit.

Ma trovava ancora più gioia nel fomentare risse e caos nell'accampamento.

But he found even more joy in stirring fights and chaos in camp.

Una sera, alla foce del Tahkeena, Dub spaventò un coniglio.

At the Tahkeena's mouth one evening, Dub startled a rabbit.

Mancò la presa e il coniglio con la racchetta da neve balzò via.

He missed the catch, and the snowshoe rabbit sprang away.

Nel giro di pochi secondi, l'intera squadra di slitte si lanciò all'inseguimento, gridando a squarciagola.

In seconds, the entire sled team gave chase with wild cries.

Nelle vicinanze, un accampamento della polizia del nord-ovest ospitava cinquanta cani husky.

Nearby, a Northwest Police camp housed fifty husky dogs.

Si unirono alla caccia, scendendo insieme il fiume ghiacciato.

They joined the hunt, surging down the frozen river together.

Il coniglio lasciò il fiume e fuggì lungo il letto ghiacciato di un ruscello.

The rabbit turned off the river, fleeing up a frozen creek bed.

Il coniglio saltellava leggero sulla neve mentre i cani si facevano strada a fatica.

The rabbit skipped lightly over snow while the dogs struggled through.

Buck guidava l'enorme branco di sessanta cani attorno a ogni curva tortuosa.

Buck led the massive pack of sixty dogs around each twisting bend.

Si spinse in avanti, basso e impaziente, ma non riuscì a guadagnare terreno.

He pushed forward, low and eager, but could not gain ground.

Il suo corpo brillava sotto la pallida luna a ogni potente balzo.

His body flashed under the pale moon with each powerful leap.

Davanti a loro, il coniglio si muoveva come un fantasma, silenzioso e troppo veloce per essere catturato.

Ahead, the rabbit moved like a ghost, silent and too fast to catch.

Tutti quei vecchi istinti, la fame, l'eccitazione, attraversarono Buck.

All those old instincts—the hunger, the thrill—rushed through Buck.

A volte gli esseri umani avvertono questo istinto e sono spinti a cacciare con armi da fuoco e proiettili.

Humans feel this instinct at times, driven to hunt with gun and bullet.

Ma Buck provava questa sensazione a un livello più profondo e personale.

But Buck felt this feeling on a deeper and more personal level.

Non riuscivano a percepire la natura selvaggia nel loro sangue come Buck.

They could not feel the wild in their blood the way Buck could feel it.

Inseguiva la carne viva, pronto a uccidere con i denti e ad assaggiare il sangue.

He chased living meat, ready to kill with his teeth and taste blood.

Il suo corpo si tendeva per la gioia, desiderando immergersi nel caldo rosso della vita.

His body strained with joy, wanting to bathe in warm red life.

Una strana gioia segna il punto più alto che la vita possa mai raggiungere.

A strange joy marks the highest point life can ever reach.

La sensazione di raggiungere un picco in cui i vivi dimenticano di essere vivi.

The feeling of a peak where the living forget they are even alive.

Questa gioia profonda tocca l'artista immerso in un'ispirazione ardente.

This deep joy touches the artist lost in blazing inspiration.

Questa gioia afferra il soldato che combatte selvaggiamente e non risparmia alcun nemico.

This joy seizes the soldier who fights wildly and spares no foe.

Questa gioia ora colpì Buck mentre guidava il branco in preda alla fame primordiale.

This joy now claimed Buck as he led the pack in primal hunger.

Ululò con l'antico grido del lupo, emozionato per l'inseguimento.

He howled with the ancient wolf-cry, thrilled by the living chase.

Buck fece appello alla parte più antica di sé, persa nella natura selvaggia.

Buck tapped into the oldest part of himself, lost in the wild.

Scavò in profondità dentro di sé, oltre la memoria, fino al tempo grezzo e antico.

He reached deep within, past memory, into raw, ancient time.

Un'ondata di vita pura invase ogni muscolo e tendine.

A wave of pure life surged through every muscle and tendon.

Ogni salto gridava che viveva, che attraversava la morte.

Each leap shouted that he lived, that he moved through death.

Il suo corpo si librava gioioso su una terra immobile e fredda che non si muoveva mai.

His body soared joyfully over still, cold land that never stirred.

Spitz rimase freddo e astuto anche nei suoi momenti più selvaggi.

Spitz stayed cold and cunning, even in his wildest moments.

Lasciò il sentiero e attraversò un terreno dove il torrente formava una curva ampia.

He left the trail and crossed land where the creek curved wide.

Buck, ignaro di ciò, rimase sul sentiero tortuoso del coniglio.

Buck, unaware of this, stayed on the rabbit's winding path.

Poi, mentre Buck svoltava dietro una curva, il coniglio spettrale si trovò davanti a lui.

Then, as Buck rounded a bend, the ghost-like rabbit was before him.

Vide una seconda figura balzare dalla riva precedendo la preda.

He saw a second figure leap from the bank ahead of the prey.

La figura era Spitz, atterrato proprio sulla traiettoria del coniglio in fuga.

The figure was Spitz, landing right in the path of the fleeing rabbit.

Il coniglio non riuscì a girarsi e incontrò le fauci di Spitz a mezz'aria.

The rabbit could not turn and met Spitz's jaws in mid-air.

La spina dorsale del coniglio si spezzò con un grido acuto come il grido di un essere umano morente.

The rabbit's spine broke with a shriek as sharp as a dying human's cry,

A quel suono, la caduta dalla vita alla morte, il branco ululò forte.

At that sound—the fall from life to death—the pack howled loud.

Un coro selvaggio si levò da dietro Buck, pieno di oscura gioia.

A savage chorus rose from behind Buck, full of dark delight.

Buck non emise alcun grido, nessun suono e si lanciò dritto verso Spitz.

Buck gave no cry, no sound, and charged straight into Spitz.

Mirò alla gola, ma colpì invece la spalla.

He aimed for the throat, but struck the shoulder instead.

Caddero nella neve soffice, i loro corpi erano intrappolati in un combattimento.

They tumbled through soft snow; their bodies locked in combat.

Spitz balzò in piedi rapidamente, come se non fosse mai stato atterrato.

Spitz sprang up quickly, as if never knocked down at all.

Colpì Buck alla spalla e poi balzò fuori dalla mischia.

He slashed Buck's shoulder, then leaped clear of the fight.

Per due volte i suoi denti schioccarono come trappole d'acciaio, e le sue labbra si arricciarono e si fecero feroci.

Twice his teeth snapped like steel traps, lips curled and fierce.

Arretrò lentamente, cercando un terreno solido sotto i piedi.

He backed away slowly, seeking firm ground under his feet.

Buck comprese il momento all'istante e pienamente.

Buck understood the moment instantly and fully.

Il momento era giunto: la lotta sarebbe stata una lotta all'ultimo sangue.

The time had come; the fight was going to be a fight to the death.

I due cani giravano in cerchio, ringhiando, con le orecchie piatte e gli occhi socchiusi.

The two dogs circled, growling, ears flat, eyes narrowed.

Ogni cane aspettava che l'altro mostrasse debolezza o facesse un passo falso.

Each dog waited for the other to show weakness or misstep.

Buck percepiva quella scena come stranamente nota e profondamente ricordata.

To Buck, the scene felt eerily known and deeply remembered.

I boschi bianchi, la terra fredda, la battaglia al chiaro di luna.

The white woods, the cold earth, the battle under moonlight.

Un silenzio pesante, profondo e innaturale riempiva la terra.

A heavy silence filled the land, deep and unnatural.

Nessun vento si alzava, nessuna foglia si muoveva, nessun suono rompeva il silenzio.

No wind stirred, no leaf moved, no sound broke the stillness.

Il respiro dei cani si levava come fumo nell'aria gelida e silenziosa.

The dogs' breaths rose like smoke in the frozen, quiet air.

Il coniglio era stato dimenticato da tempo dal branco di animali selvatici.

The rabbit was long forgotten by the pack of wild beasts.

Questi lupi semiaddomesticati ora stavano fermi in un ampio cerchio.

These half-tamed wolves now stood still in a wide circle.

Erano silenziosi, solo i loro occhi luminosi rivelavano la loro fame.

They were quiet, only their glowing eyes revealed their hunger.

Il loro respiro saliva, mentre osservavano l'inizio dello scontro finale.

Their breath drifted upward, watching the final fight begin.

Per Buck questa battaglia era vecchia e attesa, per niente strana.

To Buck, this battle was old and expected, not strange at all.

Era come il ricordo di qualcosa che doveva accadere da sempre.

It felt like a memory of something always meant to happen.

Spitz era un cane da combattimento addestrato, affinato da innumerevoli risse selvagge.

Spitz was a trained fighting dog, honed by countless wild brawls.

Dallo Spitzbergen al Canada, aveva sconfitto molti nemici.

From Spitzbergen to Canada, he had mastered many foes.

Era pieno di rabbia, ma non cedette mai il controllo alla rabbia.

He was filled with fury, but never gave control to rage.

La sua passione era acuta, ma sempre temperata dal duro istinto.

His passion was sharp, but always tempered by hard instinct.

Non ha mai attaccato finché non ha avuto la sua difesa pronta.

He never attacked until his own defense was in place.

Buck provò più volte a raggiungere il collo vulnerabile di Spitz.

Buck tried again and again to reach Spitz's vulnerable neck.

Ma ogni colpo veniva accolto da un fendente dei denti affilati di Spitz.

But every strike was met by a slash from Spitz's sharp teeth.

Le loro zanne si scontrarono ed entrambi i cani sanguinarono dalle labbra lacerate.

Their fangs clashed, and both dogs bled from torn lips.

Nonostante i suoi sforzi, Buck non riusciva a rompere la difesa.

No matter how Buck lunged, he couldn't break the defense.

Divenne sempre più furioso e si lanciò verso di lui con violente esplosioni di potenza.

He grew more furious, rushing in with wild bursts of power.

Buck colpì ripetutamente la bianca gola di Spitz.

Again and again, Buck struck for the white throat of Spitz.

Ogni volta Spitz schivava e contrattaccava con un morso tagliente.

Each time Spitz evaded and struck back with a slicing bite.

Poi Buck cambiò tattica, avventandosi di nuovo come se
volesse colpirlo alla gola.

Then Buck shifted tactics, rushing as if for the throat again.

Ma a metà attacco si è ritirato, girandosi per colpire di lato.

But he pulled back mid-attack, turning to strike from the side.

Colpì Spitz con una spallata, con l'intento di buttarlo a terra.

He threw his shoulder into Spitz, aiming to knock him down.

Ogni volta che ci provava, Spitz lo schivava e rispondeva
con un fendente.

Each time he tried, Spitz dodged and countered with a slash.

La spalla di Buck si faceva scorticare mentre Spitz si liberava
dopo ogni colpo.

Buck's shoulder grew raw as Spitz leapt clear after every hit.

Spitz non era stato toccato, mentre Buck sanguinava dalle
numerose ferite.

Spitz had not been touched, while Buck bled from many
wounds.

Il respiro di Buck era affannoso e pesante, il suo corpo era
viscido di sangue.

Buck's breath came fast and heavy, his body slick with blood.

La lotta diventava più brutale a ogni morso e carica.

The fight turned more brutal with each bite and charge.

Attorno a loro, sessanta cani silenziosi aspettavano che il
primo cadesse.

Around them, sixty silent dogs waited for the first to fall.

Se un cane fosse caduto, il branco avrebbe posto fine alla
lotta.

If one dog dropped, the pack were going to finish the fight.

Spitz vide Buck indebolirsi e cominciò ad attaccare.

Spitz saw Buck weakening, and began to press the attack.

Mantenne Buck sbilanciato, costringendolo a lottare per
restare in piedi.

He kept Buck off balance, forcing him to fight for footing.

Una volta Buck inciampò e cadde, e tutti i cani si rialzarono.

Once Buck stumbled and fell, and all the dogs rose up.

Ma Buck si raddrizzò a metà caduta e tutti ricaddero.

But Buck righted himself mid-fall, and everyone sank back down.

Buck aveva qualcosa di raro: un'immaginazione nata da un profondo istinto.

Buck had something rare—imagination born from deep instinct.

Combatté per istinto naturale, ma combatté anche con astuzia.

He fought by natural drive, but he also fought with cunning.

Tornò ad attaccare come se volesse ripetere il trucco dell'attacco alla spalla.

He charged again as if repeating his shoulder attack trick.

Ma all'ultimo secondo si abbassò e passò sotto Spitz.

But at the last second, he dropped low and swept beneath Spitz.

I suoi denti si bloccarono sulla zampa anteriore sinistra di Spitz con uno schiocco.

His teeth locked on Spitz's front left leg with a snap.

Spitz ora era instabile e il suo peso gravava solo su tre zampe.

Spitz now stood unsteady, his weight on only three legs.

Buck colpì di nuovo e tentò tre volte di atterrarlo.

Buck struck again, tried three times to bring him down.

Al quarto tentativo ha usato la stessa mossa con successo

On the fourth attempt he used the same move with success

Questa volta Buck riuscì a mordere la zampa destra di Spitz.

This time Buck managed to bite the right leg of Spitz.

Spitz, benché storpio e in agonia, continuò a lottare per sopravvivere.

Spitz, though crippled and in agony, kept struggling to survive.

Vide il cerchio degli husky stringersi, con le lingue fuori e gli occhi luminosi.

He saw the circle of huskies tighten, tongues out, eyes glowing.

Aspettarono di divorarlo, proprio come avevano fatto con gli altri.

They waited to devour him, just as they had done to others.

Questa volta era lui al centro, sconfitto e condannato.

This time, he stood in the center; defeated and doomed.

Ormai il cane bianco non aveva più alcuna possibilità di fuga.

There was no option to escape for the white dog now.

Buck non mostrò alcuna pietà, perché la pietà non era cosa di casa nella natura selvaggia.

Buck showed no mercy, for mercy did not belong in the wild.

Buck si mosse con cautela, preparandosi per la carica finale.

Buck moved carefully, setting up for the final charge.

Il cerchio degli husky si stringeva; lui sentiva i loro respiri caldi.

The circle of huskies closed in; he felt their warm breaths.

Si accovacciarono, pronti a scattare quando fosse giunto il momento.

They crouched low, prepared to spring when the moment came.

Spitz tremava nella neve, ringhiando e cambiando posizione.

Spitz quivered in the snow, snarling and shifting his stance.

I suoi occhi brillavano, le labbra si arricciavano, i denti brillavano in un'espressione disperata e minacciosa.

His eyes glared, lips curled, teeth flashing in desperate threat.

Barcollò, cercando ancora di resistere al freddo morso della morte.

He staggered, still trying to hold off the cold bite of death.

Aveva già visto situazioni simili, ma sempre dalla parte dei vincitori.

He had seen this before, but always from the winning side.

Ora era dalla parte perdente; lo sconfitto; la preda; la morte.

Now he was on the losing side; the defeated; the prey; death.

Buck si preparò al colpo finale, mentre il cerchio dei cani si faceva sempre più stretto.

Buck circled for the final blow, the ring of dogs pressed closer.

Poteva sentire i loro respiri caldi; erano pronti a uccidere.

He could feel their hot breaths; ready for the kill.

Calò il silenzio; tutto era al suo posto; il tempo si era fermato.

A stillness fell; all was in its place; time had stopped.

Persino l'aria fredda tra loro si congelò per un ultimo istante.

Even the cold air between them froze for one last moment.

Soltanto Spitz si mosse, cercando di trattenere la sua fine amara.

Only Spitz moved, trying to hold off his bitter end.

Il cerchio dei cani si stava stringendo attorno a lui, come era suo destino.

The circle of dogs was closing in around him, as was his destiny.

Ora era disperato, sapendo cosa stava per accadere.

He was desperate now, knowing what was about to happen.

Buck balzò dentro e la sua spalla incontrò la sua spalla per l'ultima volta.

Buck sprang in, shoulder met shoulder one last time.

I cani si lanciarono in avanti, nascondendo Spitz nell'oscurità della neve.

The dogs surged forward, covering Spitz in the snowy dark.

Buck osservava, eretto e fiero; il vincitore in un mondo selvaggio.

Buck watched, standing tall; the victor in a savage world.

La bestia primordiale dominante aveva fatto la sua uccisione, e la aveva fatta bene.

The dominant primordial beast had made its kill, and it was good.

Colui che ha conquistato la maestria
He, Who Has Won to Mastership

"Eh? Cosa ho detto? Dico la verità quando dico che Buck è un diavolo."

"Eh? What did I say? I speak true when I say Buck is a devil."

François raccontò questo la mattina dopo aver scoperto la scomparsa di Spitz.

François said this the next morning after finding Spitz missing.

Buck rimase lì, coperto di ferite causate dal violento combattimento.

Buck stood there, covered with wounds from the vicious fight.

François tirò Buck vicino al fuoco e indicò le ferite.

François pulled Buck near the fire and pointed at the injuries.

«Quello Spitz ha combattuto come il Devik», disse Perrault, osservando i profondi tagli.

"That Spitz fought like the Devik," said Perrault, eyeing the deep gashes.

«E quel Buck si batteva come due diavoli», rispose subito François.

"And that Buck fought like two devils," François replied at once.

"Ora faremo buon passo; niente più Spitz, niente più guai."

"Now we will make good time; no more Spitz, no more trouble."

Perrault stava preparando l'attrezzatura e caricò la slitta con cura.

Perrault was packing the gear and loaded the sled with care.

François bardò i cani per prepararli alla corsa della giornata.

François harnessed the dogs in preparation for the day's run.

Buck trotterellò dritto verso la posizione di testa, precedentemente occupata da Spitz.

Buck trotted straight to the lead position once held by Spitz.

Ma François, senza accorgersene, condusse Solleks in prima linea.

But François, not noticing, led Solleks forward to the front.

Secondo François, Solleks era ora il miglior cane da corsa.

In François's judgment, Solleks was now the best lead-dog.

Buck si scagliò furioso contro Solleks e lo respinse indietro in segno di protesta.

Buck sprang at Solleks in fury and drove him back in protest.

Si fermò dove un tempo si era fermato Spitz, rivendicando la posizione di comando.

He stood where Spitz once had stood, claiming the lead position.

"Eh? Eh?" esclamò François, dandosi una pacca sulle cosce divertito.

"Eh? Eh?" cried François, slapping his thighs in amusement.

"Guarda Buck: ha ucciso Spitz, ora vuole prendersi il posto!"

"Look at Buck—he killed Spitz, now he wants to take the job!"

"Vattene via, Chook!" urlò, cercando di scacciare Buck.

"Go away, Chook!" he shouted, trying to drive Buck away.

Ma Buck si rifiutò di muoversi e rimase immobile nella neve.

But Buck refused to move and stood firm in the snow.

François afferrò Buck per la collottola e lo trascinò da parte.

François grabbed Buck by the scruff, dragging him aside.

Buck ringhiò basso e minaccioso, ma non attaccò.

Buck growled low and threateningly but did not attack.

François rimette Solleks in testa, cercando di risolvere la disputa

François put Solleks back in the lead, trying to settle the dispute

Il vecchio cane mostrò paura di Buck e non voleva restare.

The old dog showed fear of Buck and didn't want to stay.

Quando François gli voltò le spalle, Buck scacciò di nuovo Solleks.

When François turned his back, Buck drove Solleks out again.

Solleks non oppose resistenza e si fece di nuovo da parte in silenzio.

Solleks did not resist and quietly stepped aside once more.

François si arrabbiò e gridò: "Per Dio, ti sistemo!"

François grew angry and shouted, "By God, I fix you!"

Si avvicinò a Buck tenendo in mano una pesante mazza.

He came toward Buck holding a heavy club in his hand.

Buck ricordava bene l'uomo con il maglione rosso.

Buck remembered the man in the red sweater well.

Si ritirò lentamente, osservando François ma ringhiando profondamente.

He retreated slowly, watching François, but growling deeply.

Non si affrettò a tornare indietro, nemmeno quando Solleks si mise al suo posto.

He did not rush back, even when Solleks stood in his place.

Buck si girò in cerchio, appena fuori dalla sua portata, ringhiando furioso e protestando.

Buck circled just beyond reach, snarling in fury and protest.

Teneva gli occhi fissi sulla mazza, pronto a schivare il colpo se François l'avesse lanciata.

He kept his eyes on the club, ready to dodge if François threw.

Era diventato saggio e cauto nei confronti degli uomini che maneggiavano le armi.

He had grown wise and wary in the ways of men with weapons.

François si arrese e chiamò di nuovo Buck al suo vecchio posto.

François gave up and called Buck to his former place again.

Ma Buck fece un passo indietro con cautela, rifiutandosi di obbedire all'ordine.

But Buck stepped back cautiously, refusing to obey the order.

François lo seguì, ma Buck indietreggiò solo di pochi passi.

François followed, but Buck only retreated a few steps more.

Dopo un po' François gettò a terra l'arma, frustrato.

After some time, François threw the weapon down in frustration.

Pensò che Buck avesse paura di essere picchiato e che avrebbe fatto lo stesso senza far rumore.

He thought Buck feared a beating and was going to come quietly.

Ma Buck non stava evitando la punizione: stava lottando per ottenere un rango.

But Buck wasn't avoiding punishment—he was fighting for rank.

Si era guadagnato il posto di capobranco combattendo fino alla morte

He had earned the lead-dog spot through a fight to the death

non si sarebbe accontentato di niente di meno che di essere il leader.

he was not going to settle for anything less than being the leader.

Perrault si unì all'inseguimento per aiutare a catturare il ribelle Buck.

Perrault took a hand in the chase to help catch the rebellious Buck.

Insieme lo portarono in giro per l'accampamento per quasi un'ora.

Together, they ran him around the camp for nearly an hour.

Gli scagliarono contro dei bastoni, ma Buck li schivò abilmente uno per uno.

They hurled clubs at him, but Buck dodged each one skillfully.

Maledissero lui, i suoi antenati, i suoi discendenti e ogni suo capello.

They cursed him, his ancestors, his descendants, and every hair on him.

Ma Buck si limitò a ringhiare e a restare appena fuori dalla loro portata.

But Buck only snarled back and stayed just out of their reach.

Non cercò mai di scappare, ma continuò a girare intorno all'accampamento deliberatamente.

He never tried to run away but circled the camp deliberately.

Disse chiaramente che avrebbe obbedito una volta ottenuto ciò che voleva.

He made it clear he was going to obey once they gave him what he wanted.

Alla fine François si sedette e si grattò la testa, frustrato.

François finally sat down and scratched his head in frustration.

Perrault controllò l'orologio, imprecò e borbottò qualcosa sul tempo perso.

Perrault checked his watch, swore, and muttered about lost time.

Era già trascorsa un'ora, mentre avrebbero dovuto essere sulle tracce.

An hour had already passed when they should have been on the trail.

François alzò le spalle timidamente, guardando il corriere, che sospirò sconfitto.

François shrugged sheepishly at the courier, who sighed in defeat.

Poi François si avvicinò a Solleks e chiamò ancora una volta Buck.

Then François walked to Solleks and called out to Buck once more.

Buck rise come ride un cane, ma mantenne una cauta distanza.

Buck laughed like a dog laughs, but kept his cautious distance.

François tolse l'imbracatura a Solleks e lo rimise al suo posto.

François removed Solleks's harness and returned him to his spot.

La squadra di slittini era completamente imbracata, con un solo posto libero.

The sled team stood fully harnessed, with only one spot unfilled.

La posizione di comando rimase vuota, chiaramente riservata solo a Buck.

The lead position remained empty, clearly meant for Buck alone.

François chiamò di nuovo e di nuovo Buck rise e mantenne la sua posizione.

François called again, and again Buck laughed and held his ground.

«Gettate giù la mazza», ordinò Perrault senza esitazione.

"Throw down the club," Perrault ordered without hesitation.

François obbedì e Buck si lanciò subito avanti con orgoglio.

François obeyed, and Buck immediately trotted forward proudly.

Rise trionfante e assunse la posizione di comando.

He laughed triumphantly and stepped into the lead position.

François fissò le corde e la slitta si staccò.

François secured his traces, and the sled was broken loose.

Entrambi gli uomini corsero fianco a fianco mentre la squadra si lanciava lungo il sentiero del fiume.

Both men ran alongside as the team raced onto the river trail.

François aveva avuto una grande stima dei "due diavoli" di Buck,

François had thought highly of Buck's "two devils,"

ma ben presto si rese conto di aver in realtà sottovalutato il cane.

but he soon realized he had actually underestimated the dog.

Buck assunse rapidamente la leadership e si comportò in modo eccellente.

Buck quickly assumed leadership and performed with excellence.

Buck superò Spitz per capacità di giudizio, rapidità di pensiero e rapidità di azione.

In judgment, quick thinking, and fast action, Buck surpassed Spitz.

François non aveva mai visto un cane pari a quello che Buck mostrava ora.

François had never seen a dog equal to what Buck now displayed.

Ma Buck eccelleva davvero nel far rispettare l'ordine e nel imporre rispetto.

But Buck truly excelled in enforcing order and commanding respect.

Dave e Solleks accettarono il cambiamento senza preoccupazioni o proteste.

Dave and Solleks accepted the change without concern or protest.

Si concentravano solo sul lavoro e tiravano forte le redini.

They focused only on work and pulling hard in the reins.

A loro importava poco chi guidasse, purché la slitta continuasse a muoversi.

They cared little who led, so long as the sled kept moving.

Billee, quella allegra, avrebbe potuto comandare per quel che volevano.

Billee, the cheerful one, could have led for all they cared.

Ciò che contava per loro era la pace e l'ordine tra i ranghi.

What mattered to them was peace and order in the ranks.

Il resto della squadra era diventato indisciplinato durante il declino di Spitz.

The rest of the team had grown unruly during Spitz's decline.

Rimasero scioccati quando Buck li riportò immediatamente all'ordine.

They were shocked when Buck immediately brought them to order.

Pike era sempre stato pigro e aveva sempre tergiversato dietro a Buck.

Pike had always been lazy and dragging his feet behind Buck.

Ma ora è stato severamente disciplinato dalla nuova leadership.

But now was sharply disciplined by the new leadership.

E imparò rapidamente a dare il suo contributo alla squadra.

And he quickly learned to pull his weight in the team.

Alla fine della giornata, Pike lavorò più duramente che mai.

By the end of the day, Pike worked harder than ever before.

Quella notte all'accampamento, Joe, il cane scontroso, fu finalmente domato.

That night in camp, Joe, the sour dog, was finally subdued.

Spitz non era riuscito a disciplinarlo, ma Buck non aveva fallito.

Spitz had failed to discipline him, but Buck did not fail.

Sfruttando il suo peso maggiore, Buck sopraffece Joe in pochi secondi.

Using his greater weight, Buck overwhelmed Joe in seconds.

Morse e picchiò Joe finché questi non si mise a piagnucolare e smise di opporre resistenza.

He bit and battered Joe until he whimpered and ceased resisting.

Da quel momento in poi l'intera squadra migliorò.

The whole team improved from that moment on.

I cani ritrovarono la loro antica unità e disciplina.

The dogs regained their old unity and discipline.

A Rink Rapids si sono uniti al gruppo due nuovi husky autoctoni, Teek e Koona.

At Rink Rapids, two new native huskies, Teek and Koona, joined.

La rapidità con cui Buck li addestramento stupì perfino François.

Buck's swift training of them astonished even François.

"Non è mai esistito un cane come quel Buck!" esclamò stupito.

"Never was there such a dog as that Buck!" he cried in amazement.

"No, mai! Vale mille dollari, per Dio!"

"No, never! He's worth one thousand dollars, by God!"

"Eh? Che ne dici, Perrault?" chiese con orgoglio.

"Eh? What do you say, Perrault?" he asked with pride.

Perrault annuì in segno di assenso e controllò i suoi appunti.

Perrault nodded in agreement and checked his notes.

Siamo già in anticipo sui tempi e guadagniamo sempre di più ogni giorno.

We're already ahead of schedule and gaining more each day.

Il sentiero era compatto e liscio, senza neve fresca.

The trail was hard-packed and smooth, with no fresh snow.

Il freddo era costante, con temperature che si aggiravano sempre sui cinquanta gradi sotto zero.

The cold was steady, hovering at fifty below zero throughout.

Per scaldarsi e guadagnare tempo, gli uomini si alternavano a cavallo e a correre.

The men rode and ran in turns to keep warm and make time.

I cani correvano veloci, fermandosi di rado, spingendosi sempre in avanti.

The dogs ran fast with few stops, always pushing forward.

Il fiume Thirty Mile era per la maggior parte ghiacciato e facile da attraversare.

The Thirty Mile River was mostly frozen and easy to travel across.

In un giorno realizzarono ciò che per arrivare aveva impiegato dieci giorni.

They went out in one day what had taken ten days coming in.

Percorsero circa novantasei chilometri dal lago Le Barge a White Horse.

They made a sixty-mile dash from Lake Le Barge to White Horse.

Si muovevano a velocità incredibile attraverso i laghi Marsh, Tagish e Bennett.

Across Marsh, Tagish, and Bennett Lakes they moved incredibly fast.

L'uomo che correva veniva trainato dietro la slitta con una corda.

The running man towed behind the sled on a rope.

L'ultima notte della seconda settimana giunsero a destinazione.

On the last night of week two they got to their destination.

Insieme avevano raggiunto la cima del White Pass.

They had reached the top of White Pass together.

Scesero fino al livello del mare, con le luci dello Skaguay sotto di loro.

They dropped down to sea level with Skaguay's lights below them.

Era stata una corsa da record attraverso chilometri di fredda natura selvaggia.

It had been a record-setting run across miles of cold wilderness.

Per quattordici giorni di fila percorsero in media circa quaranta miglia.

For fourteen days straight, they averaged a strong forty miles.

A Skaguay, Perrault e François trasportavano merci attraverso la città.

In Skaguay, Perrault and François moved cargo through town.

Furono applauditi e ricevettero numerose bevande dalla folla ammirata.

They were cheered and offered many drinks by admiring crowds.

I cacciatori di cani e gli operai si sono riuniti attorno alla famosa squadra cinofila.

Dog-busters and workers gathered around the famous dog team.

Poi i fuorilegge del West giunsero in città e subirono una violenta sconfitta.

Then western outlaws came to town and met violent defeat.

La gente si dimenticò presto della squadra e si concentrò sul nuovo dramma.

The people soon forgot the team and focused on new drama.

Poi arrivarono i nuovi ordini che cambiarono tutto in un colpo.

Then came the new orders that changed everything at once.

François chiamò Buck e lo abbracciò con orgoglio e lacrime.

François called Buck to him and hugged him with tearful pride.

Quel momento fu l'ultima volta che Buck vide di nuovo François.

That moment was the last time Buck ever saw François again.

Come molti altri uomini prima di lui, sia François che Perrault se n'erano andati.

Like many men before, both François and Perrault were gone.

Un meticcio scozzese si prese cura di Buck e dei suoi compagni di squadra con i cani da slitta.

A Scotch half-breed took charge of Buck and his sled dog teammates.

Con una dozzina di altre mute di cani, ritornarono lungo il sentiero fino a Dawson.

With a dozen other dog teams, they returned along the trail to Dawson.

Non si trattava più di una corsa veloce, ma solo di un duro lavoro con un carico pesante ogni giorno.

It was no fast run now — just heavy toil with a heavy load each day.

Si trattava del treno postale che portava notizie ai cercatori d'oro vicino al Polo.

This was the mail train, bringing word to gold hunters near the Pole.

Buck non amava il lavoro, ma lo sopportò bene, essendo orgoglioso del suo impegno.

Buck disliked the work but bore it well, taking pride in his effort.

Come Dave e Solleks, Buck dimostrava dedizione in ogni compito quotidiano.

Like Dave and Solleks, Buck showed devotion to every daily task.

Si è assicurato che tutti i suoi compagni di squadra dessero il massimo.

He made sure his teammates each pulled their fair weight.

La vita sui sentieri divenne noiosa e si ripeteva con la precisione di una macchina.

Trail life became dull, repeated with the precision of a machine.

Ogni giorno era uguale, una mattina si fondeva con quella successiva.

Each day felt the same, one morning blending into the next.

Alla stessa ora, i cuochi si alzarono per accendere il fuoco e preparare il cibo.

At the same hour, the cooks rose to build fires and prepare food.

Dopo colazione alcuni lasciarono l'accampamento mentre altri attaccarono i cani.

After breakfast, some left camp while others harnessed the dogs.

Raggiunsero il sentiero prima che il pallido segnale dell'alba sfiorasse il cielo.

They hit the trail before the dim warning of dawn touched the sky.

Di notte si fermavano per accamparsi, e a ogni uomo veniva assegnato un compito preciso.

At night, they stopped to make camp, each man with a set duty.

Alcuni montarono le tende, altri tagliarono la legna da ardere e raccolsero rami di pino.

Some pitched the tents, others cut firewood and gathered pine boughs.

Acqua o ghiaccio venivano portati ai cuochi per la cena serale.

Water or ice was carried back to the cooks for the evening meal.

I cani vennero nutriti e per loro quello fu il momento migliore della giornata.

The dogs were fed, and this was the best part of the day for them.

Dopo aver mangiato il pesce, i cani si rilassarono e oziarono vicino al fuoco.

After eating fish, the dogs relaxed and lounged near the fire.

Nel convoglio c'erano un centinaio di altri cani con cui socializzare.

There were a hundred other dogs in the convoy to mingle with.

Molti di quei cani erano feroci e pronti a combattere senza preavviso.

Many of those dogs were fierce and quick to fight without warning.

Ma dopo tre vittorie, Buck riuscì a domare anche i combattenti più feroci.

But after three wins, Buck mastered even the fiercest fighters.

Ora, quando Buck ringhiò e mostrò i denti, loro si fecero da parte.

Now when Buck growled and showed his teeth, they stepped aside.

Forse la cosa più bella di tutte era che a Buck piaceva sdraiarsi vicino al fuoco tremolante.

Perhaps best of all, Buck loved lying near the flickering campfire.

Si accovacciò, con le zampe posteriori ripiegate e quelle anteriori distese in avanti.

He crouched with hind legs tucked and front legs stretched ahead.

Teneva la testa sollevata e sbatteva dolcemente le palpebre verso le fiamme ardenti.

His head was raised as he blinked softly at the glowing flames.

A volte ricordava la grande casa del giudice Miller a Santa Clara.

Sometimes he recalled Judge Miller's big house in Santa Clara.

Pensò alla piscina di cemento, a Ysabel e al carlino di nome Toots.

He thought of the cement pool, of Ysabel, and the pug called Toots.

Ma più spesso si ricordava del bastone dell'uomo con il maglione rosso.

But more often he remembered the man with the red sweater's club.

Ricordava la morte di Curly e la sua feroce battaglia con Spitz.

He remembered Curly's death and his fierce battle with Spitz.

Ricordava anche il buon cibo che aveva mangiato o che ancora sognava.

He also recalled the good food he had eaten or still dreamed of.

Buck non aveva nostalgia di casa: la valle calda era lontana e irreale.

Buck was not homesick—the warm valley was distant and unreal.

I ricordi della California non avevano più alcun fascino su di lui.

Memories of California no longer held any real pull over him.

Più forti della memoria erano gli istinti radicati nella sua stirpe.

Stronger than memory were instincts deep in his bloodline.

Le abitudini un tempo perdute erano tornate, ravvivate dal sentiero e dalla natura selvaggia.

Habits once lost had returned, revived by the trail and the wild.

Mentre Buck osservava la luce del fuoco, a volte questa diventava qualcos'altro.

As Buck watched the firelight, it sometimes became something else.

Vide alla luce del fuoco un altro fuoco, più vecchio e più profondo di quello attuale.

He saw in the firelight another fire, older and deeper than the present one.

Accanto all'altro fuoco era accovacciato un uomo che non somigliava per niente al cuoco meticcio.

Beside that other fire crouched a man unlike the half-breed cook.

Questa figura aveva gambe corte, braccia lunghe e muscoli duri e contratti.

This figure had short legs, long arms, and hard, knotted muscles.

I suoi capelli erano lunghi e arruffati, e gli scendevano all'indietro a partire dagli occhi.

His hair was long and matted, sloping backward from the eyes.

Emetteva strani suoni e fissava l'oscurità con paura.

He made strange sounds and stared out in fear at the darkness.

Teneva bassa una mazza di pietra, stretta saldamente nella sua mano lunga e ruvida.

He held a stone club low, gripped tightly in his long rough hand.

L'uomo indossava ben poco: solo una pelle carbonizzata che gli pendeva lungo la schiena.

The man wore little; just a charred skin that hung down his back.

Il suo corpo era ricoperto da una folta peluria sulle braccia, sul petto e sulle cosce.

His body was covered with thick hair across arms, chest, and thighs.

Alcune parti del pelo erano aggrovigliate e formavano chiazze di pelo ruvido.

Some parts of the hair were tangled into patches of rough fur.

Non stava dritto, ma era piegato in avanti dai fianchi alle ginocchia.

He did not stand straight but bent forward from the hips to knees.

I suoi passi erano elastici e felini, come se fosse sempre pronto a scattare.

His steps were springy and catlike, as if always ready to leap.

C'era una forte allerta, come se vivesse nella paura costante.

There was a sharp alertness, like he lived in constant fear.

Quest'uomo anziano sembrava aspettarsi il pericolo, indipendentemente dal fatto che questo venisse visto o meno.

This ancient man seemed to expect danger, whether the danger was seen or not.

A volte l'uomo peloso dormiva accanto al fuoco, con la testa nascosta tra le gambe.

At times the hairy man slept by the fire, head tucked between legs.

Teneva i gomiti appoggiati sulle ginocchia e le mani giunte sopra la testa.

His elbows rested on his knees, hands clasped above his head.

Come un cane, usava le sue braccia pelose per proteggersi dalla pioggia che cadeva.

Like a dog he used his hairy arms to shed off the falling rain.

Oltre la luce del fuoco, Buck vide due carboni ardenti che ardevano nell'oscurità.

Beyond the firelight, Buck saw twin coals glowing in the dark.

Sempre a due a due, erano gli occhi delle bestie da preda.

Always two by two, they were the eyes of stalking beasts of prey.

Sentì corpi che si infrangevano tra i cespugli e rumori provenienti dalla notte.

He heard bodies crash through brush and sounds made in the night.

Sdraiato sulla riva dello Yukon, sbattendo le palpebre, Buck sognò accanto al fuoco.

Lying on the Yukon bank, blinking, Buck dreamed by the fire.

Le immagini e i suoni di quel mondo selvaggio gli fecero rizzare i capelli.

The sights and sounds of that wild world made his hair stand up.

La pelliccia gli si drizzò lungo la schiena, sulle spalle e sul collo.

The fur rose along his back, his shoulders, and up his neck.

Gemeva piano o emetteva un ringhio basso dal profondo del petto.

He whimpered softly or gave a low growl deep in his chest.

Allora il cuoco meticcio urlò: "Ehi, Buck, svegliati!"

Then the half-breed cook shouted, "Hey, you Buck, wake up!"

Il mondo dei sogni svanì e la vita reale tornò agli occhi di Buck.

The dream world vanished, and real life returned to Buck's eyes.

Si sarebbe alzato, si sarebbe stiracchiato e avrebbe sbadigliato, come se si fosse svegliato da un pisolino.

He was going to get up, stretch, and yawn, as if woken from a nap.

Il viaggio era duro, con la slitta postale che li trascinava dietro.

The trip was hard, with the mail sled dragging behind them.

Carichi pesanti e lavoro duro sfinivano i cani ogni lunga giornata.

Heavy loads and tough work wore down the dogs each long day.

Arrivarono a Dawson magro, stanco e con bisogno di più di una settimana di riposo.

They reached Dawson thin, tired, and needing over a week's rest.

Ma solo due giorni dopo ripartirono per lo Yukon.

But only two days later, they set out down the Yukon again.

Erano carichi di altre lettere dirette al mondo esterno.

They were loaded with more letters bound for the outside world.

I cani erano esausti e gli uomini si lamentavano in continuazione.

The dogs were exhausted and the men were complaining constantly.

Ogni giorno cadeva la neve, ammorbidendo il sentiero e rallentando le slitte.

Snow fell every day, softening the trail and slowing the sleds.

Ciò rendeva la trazione più dura e aumentava la resistenza delle guide.

This made for harder pulling and more drag on the runners.

Nonostante ciò, i piloti si sono dimostrati leali e hanno avuto cura delle loro squadre.

Despite that, the drivers were fair and cared for their teams.

Ogni notte, i cani venivano nutriti prima che gli uomini mangiassero.

Each night, the dogs were fed before the men got to eat.

Nessun uomo dormiva prima di controllare le zampe del proprio cane.

No man slept before checking the feet of his own dog's.

Tuttavia, i cani diventavano sempre più deboli man mano che i chilometri consumavano i loro corpi.

Still, the dogs grew weaker as the miles wore on their bodies.

Avevano viaggiato per milleottocento miglia durante l'inverno.

They had traveled eighteen hundred miles through the winter.

Percorrevano ogni miglio di quella distanza brutale trainando le slitte.

They pulled sleds across every mile of that brutal distance.

Anche i cani da slitta più resistenti provano tensione dopo tanti chilometri.

Even the toughest sled dogs feel strain after so many miles.

Buck tenne duro, fece sì che la sua squadra lavorasse e mantenne la disciplina.

Buck held on, kept his team working, and maintained discipline.

Ma Buck era stanco, proprio come gli altri durante il lungo viaggio.

But Buck was tired, just like the others on the long journey.

Billee piagnucolava e piangeva nel sonno ogni notte, senza sosta.

Billee whimpered and cried in his sleep each night without fail.

Joe diventò ancora più amareggiato e Solleks rimase freddo e distante.

Joe grew even more bitter, and Solleks stayed cold and distant.

Ma è stato Dave a soffrire di più di tutta la squadra.

But it was Dave who suffered the worst out of the entire team.

Qualcosa dentro di lui era andato storto, anche se nessuno sapeva cosa.

Something had gone wrong inside him, though no one knew what.

Divenne più lunatico e aggredì gli altri con rabbia crescente.

He became moodier and snapped at others with growing anger.

Ogni notte andava dritto al suo nido, in attesa di essere nutrito.

Each night he went straight to his nest, waiting to be fed.

Una volta a terra, Dave non si alzò più fino al mattino.

Once he was down, Dave did not get up again till morning.

Sulle redini, gli improvvisi strattoni o sussulti lo facevano gridare di dolore.

On the reins, sudden jerks or starts made him cry out in pain.

L'autista ha cercato di capirne la causa, ma non ha trovato ferite.

His driver searched for the cause, but found no injury on him.

Tutti gli autisti cominciarono a osservare Dave e a discutere del suo caso.

All the drivers began watching Dave and discussed his case.

Parlarono durante i pasti e durante l'ultima sigaretta della giornata.

They talked at meals and during their final smoke of the day.

Una notte tennero una riunione e portarono Dave al fuoco.

One night they held a meeting and brought Dave to the fire.

Gli premevano e palpavano il corpo e lui gridava spesso.

They pressed and probed his body, and he cried out often.

Era evidente che qualcosa non andava, anche se non sembrava esserci nessuna frattura.

Clearly, something was wrong, though no bones seemed broken.

Quando arrivarono al Cassiar Bar, Dave stava cadendo.

By the time they reached Cassiar Bar, Dave was falling down.

Il meticcio scozzese impose uno stop e rimosse Dave dalla squadra.

The Scotch half-breed called a halt and removed Dave from the team.

Fissò Solleks al posto di Dave, il più vicino possibile alla parte anteriore della slitta.

He fastened Solleks in Dave's place, closest to the sled's front.

Voleva lasciare che Dave riposasse e corresse libero dietro la slitta in movimento.

He meant to let Dave rest and run free behind the moving sled.

Ma nonostante la malattia, Dave odiava che gli venisse tolto il lavoro che aveva ricoperto.

But even sick, Dave hated being taken from the job he had owned.

Ringhiò e piagnucolò quando gli strapparono le redini dal corpo.

He growled and whimpered as the reins were pulled from his body.

Quando vide Solleks al suo posto, pianse disperato.

When he saw Solleks in his place, he cried with broken-hearted pain.

L'orgoglio per il lavoro sui sentieri era profondo in Dave, anche quando la morte si avvicinava.

The pride of trail work was deep in Dave, even as death approached.

Mentre la slitta si muoveva, Dave arrancava nella neve soffice vicino al sentiero.

As the sled moved, Dave floundered through soft snow near the trail.

Attaccò Solleks, mordendolo e spingendolo giù dal fianco della slitta.

He attacked Solleks, biting and pushing him from the sled's side.

Dave cercò di saltare nell'imbracatura e di riprendersi il suo posto di lavoro.

Dave tried to leap into the harness and reclaim his working spot.

Lui guaiva, si lamentava e piangeva, diviso tra il dolore e l'orgoglio del parto.

He yelped, whined, and cried, torn between pain and pride in labor.

Il meticcio usò la frusta per cercare di allontanare Dave dalla squadra.

The half-breed used his whip to try driving Dave away from the team.

Ma Dave ignorò la frustata e l'uomo non riuscì a colpirlo più forte.

But Dave ignored the lash, and the man couldn't strike him harder.

Dave rifiutò il sentiero più facile dietro la slitta, dove la neve era compatta.

Dave refused the easier path behind the sled, where snow was packed.

Invece, si ritrovò a lottare nella neve profonda, ai lati del sentiero, in preda alla miseria.

Instead, he struggled in the deep snow beside the trail, in misery.

Alla fine Dave crollò, giacendo sulla neve e urlando di dolore.

Eventually, Dave collapsed, lying in the snow and howling in pain.

Lanciò un grido mentre la lunga fila di slitte gli passava accanto una dopo l'altra.

He cried out as the long train of sleds passed him one by one.

Tuttavia, con le poche forze che gli rimanevano, si alzò e barcollò dietro di loro.

Still, with what strength remained, he rose and stumbled after them.

Quando il treno si fermò di nuovo, lo raggiunse e trovò la sua vecchia slitta.

He caught up when the train stopped again and found his old sled.

Superò con difficoltà le altre squadre e tornò a posizionarsi accanto a Solleks.

He floundered past the other teams and stood beside Solleks again.

Mentre l'autista si fermava per accendere la pipa, Dave colse l'ultima occasione.

As the driver paused to light his pipe, Dave took his last chance.

Quando l'autista tornò e urlò, la squadra non avanzò.

When the driver returned and shouted, the team didn't move forward.

I cani avevano girato la testa, confusi dall'improvviso arresto.

The dogs had turned their heads, confused by the sudden stoppage.

Anche il conducente era scioccato: la slitta non si era mossa di un centimetro in avanti.

The driver was shocked too—the sled hadn't moved an inch forward.

Chiamò gli altri perché venissero a vedere cosa era successo.

He called out to the others to come and see what had happened.

Dave aveva masticato le redini di Solleks, spezzandole entrambe.

Dave had chewed through Solleks's reins, breaking both apart.

Ora era di nuovo in piedi davanti alla slitta, nella sua giusta posizione.

Now he stood in front of the sled, back in his rightful position.

Dave alzò lo sguardo verso l'autista, implorandolo silenziosamente di restare al passo.

Dave looked up at the driver, silently pleading to stay in the traces.

L'autista era perplesso e non sapeva cosa fare per il cane in difficoltà.

The driver was puzzled, unsure of what to do for the struggling dog.

Gli altri uomini parlavano di cani morti perché li avevano portati fuori.

The other men spoke of dogs who had died from being taken out.

Raccontavano di cani vecchi o feriti il cui cuore si era spezzato quando erano stati abbandonati.

They told of old or injured dogs whose hearts broke when left behind.

Concordarono che era un atto di misericordia lasciare che Dave morisse mentre era ancora imbrigliato.

They agreed it was mercy to let Dave die while still in his harness.

Fu rimesso in sicurezza sulla slitta e Dave tirò con orgoglio.

He was fastened back onto the sled, and Dave pulled with pride.

Anche se a volte gridava, lavorava come se il dolore potesse essere ignorato.

Though he cried out at times, he worked as if pain could be ignored.

Più di una volta cadde e fu trascinato prima di rialzarsi.

More than once he fell and was dragged before rising again.

A un certo punto la slitta gli rotolò addosso e da quel momento in poi zoppicò.

Once, the sled rolled over him, and he limped from that moment on.

Nonostante ciò, lavorò finché non raggiunse l'accampamento e poi si sdraiò accanto al fuoco.

Still, he worked until camp was reached, and then lay by the fire.

Al mattino Dave era troppo debole per muoversi o anche solo per stare in piedi.

By morning, Dave was too weak to travel or even stand upright.

Al momento di allacciare l'imbracatura, cercò di raggiungere il suo autista con sforzi tremanti.

At harness-up time, he tried to reach his driver with trembling effort.

Si sforzò di rialzarsi, barcollò e crollò sul terreno innevato.

He forced himself up, staggered, and collapsed onto the snowy ground.

Utilizzando le zampe anteriori, trascinò il suo corpo verso la zona dell'imbracatura.

Using his front legs, he dragged his body toward the harnessing area.

Si fece avanti, centimetro dopo centimetro, verso i cani da lavoro.

He hitched himself forward, inch by inch, toward the working dogs.

Le forze gli cedettero, ma continuò a muoversi nel suo ultimo disperato tentativo.

His strength gave out, but he kept moving in his last desperate push.

I suoi compagni di squadra lo videro ansimare nella neve, ancora desideroso di unirsi a loro.

His teammates saw him gasping in the snow, still longing to join them.

Lo sentirono urlare di dolore mentre si lasciavano alle spalle l'accampamento.

They heard him howling with sorrow as they left the camp behind.

Mentre la squadra svaniva tra gli alberi, il grido di Dave risuonava dietro di loro.

As the team vanished into trees, Dave's cry echoed behind them.

Il treno delle slitte si fermò brevemente dopo aver attraversato un tratto di fiume ricco di boschi.

The sled train halted briefly after crossing a stretch of river timber.

Il meticcio scozzese tornò lentamente verso l'accampamento alle sue spalle.

The Scotch half-breed walked slowly back toward the camp behind.

Gli uomini smisero di parlare quando lo videro scendere dal treno delle slitte.

The men stopped speaking when they saw him leave the sled train.

Poi un singolo colpo di pistola risuonò chiaro e netto attraverso il sentiero.

Then a single gunshot rang out clear and sharp across the trail.

L'uomo tornò rapidamente e prese il suo posto senza dire una parola.

The man returned quickly and took up his place without a word.

Le fruste schioccavano, i campanelli tintinnavano e le slitte avanzavano sulla neve.

Whips cracked, bells jingled, and the sleds rolled on through snow.

Ma Buck sapeva cosa era successo, come tutti gli altri cani.

But Buck knew what had happened—and so did every other dog.

La fatica delle redini e del sentiero
The Toil of Reins and Trail

Trenta giorni dopo aver lasciato Dawson, la Salt Water Mail raggiunse Skaguay.

Thirty days after leaving Dawson, the Salt Water Mail reached Skaguay.

Buck e i suoi compagni di squadra presero il comando e arrivarono in condizioni pietose.

Buck and his teammates pulled the lead, arriving in pitiful condition.

Buck era sceso da centoquaranta a centoquindici libbre.

Buck had dropped from one hundred forty to one hundred fifteen pounds.

Gli altri cani, sebbene più piccoli, avevano perso ancora più peso corporeo.

The other dogs, though smaller, had lost even more body weight.

Pike, che una volta zoppicava fingendo, ora trascinava dietro di sé una gamba veramente ferita.

Pike, once a fake limper, now dragged a truly injured leg behind him.

Solleks zoppicava gravemente e Dub aveva una scapola slogata.

Solleks was limping badly, and Dub had a wrenched shoulder blade.

Tutti i cani del team avevano i piedi doloranti a causa delle settimane trascorse sul sentiero ghiacciato.

Every dog in the team was footsore from weeks on the frozen trail.

Non avevano più slancio nei loro passi, solo un movimento lento e trascinato.

They had no spring left in their steps, only slow, dragging motion.

I loro piedi colpivano il sentiero con forza e ogni passo aggiungeva ulteriore sforzo al loro corpo.

Their feet hit the trail hard, each step adding more strain to their bodies.

Non erano malati, erano solo stremati oltre ogni possibile guarigione naturale.

They were not sick, only drained beyond all natural recovery.

Non si trattava della stanchezza di una giornata faticosa, curata con una notte di riposo.

This was not tiredness from one hard day, cured with a night's rest.

Era una stanchezza accumulata lentamente attraverso mesi di sforzi estenuanti.

It was exhaustion built slowly through months of grueling effort.

Non era rimasta alcuna riserva di forze: avevano esaurito ogni energia a loro disposizione.

No reserve strength remained—they had used up every bit they had.

Ogni muscolo, ogni fibra e ogni cellula del loro corpo erano logori e affaticati.

Every muscle, fiber, and cell in their bodies was spent and worn.

E c'era un motivo: avevano percorso duemilacinquecento miglia.

And there was a reason—they had covered twenty-five hundred miles.

Si erano riposati solo cinque giorni durante le ultime milleottocento miglia.

They had rested only five days during the last eighteen hundred miles.

Quando giunsero a Skaguay, sembrava che riuscissero a malapena a stare in piedi.

When they reached Skaguay, they looked barely able to stand upright.

Facevano fatica a tenere le redini strette e a restare davanti alla slitta.

They struggled to keep the reins tight and stay ahead of the sled.

Nei pendii in discesa riuscivano solo a evitare di essere investiti.

On downhill slopes, they only managed to avoid being run over.

"Continuate a marciare, poveri piedi doloranti", disse l'autista mentre zoppicavano.

"March on, poor sore feet," the driver said as they limped along.

"Questo è l'ultimo tratto, poi ci prenderemo tutti un lungo riposo, di sicuro."

"This is the last stretch, then we all get one long rest, for sure."

"Un riposo davvero lungo", promise, guardandoli barcollare in avanti.

"One truly long rest," he promised, watching them stagger forward.

Gli autisti si aspettavano una lunga e necessaria pausa.

The drivers expected they were going to now get a long, needed break.

Avevano percorso milleduecento miglia con solo due giorni di riposo.

They had traveled twelve hundred miles with only two days' rest.

Per correttezza e ragione, ritenevano di essersi guadagnati un po' di tempo per rilassarsi.

By fairness and reason, they felt they had earned time to relax.

Ma troppi erano giunti nel Klondike e troppo pochi erano rimasti a casa.

But too many had come to the Klondike, and too few had stayed home.

Le lettere delle famiglie continuavano ad arrivare, creando pile di posta in ritardo.

Letters from families flooded in, creating piles of delayed mail.

Arrivarono gli ordini ufficiali: i nuovi cani della Hudson Bay avrebbero preso il sopravvento.

Official orders arrived—new Hudson Bay dogs were going to take over.

I cani esausti, ormai considerati inutili, dovevano essere eliminati.

The exhausted dogs, now called worthless, were to be disposed of.

Poiché i soldi erano più importanti dei cani, venivano venduti a basso prezzo.

Since money mattered more than dogs, they were going to be sold cheaply.

Passarono altri tre giorni prima che i cani si accorgessero di quanto fossero deboli.

Three more days passed before the dogs felt just how weak they were.

La quarta mattina, due uomini provenienti dagli Stati Uniti acquistarono l'intera squadra.

On the fourth morning, two men from the States bought the whole team.

La vendita comprendeva tutti i cani e le loro imbracature usate.

The sale included all the dogs, plus their worn harness gear.

Mentre concludevano l'affare, gli uomini si chiamavano tra loro "Hal" e "Charles".

The men called each other "Hal" and "Charles" as they completed the deal.

Charles era un uomo di mezza età, pallido, con labbra molli e folti baffi.

Charles was middle-aged, pale, with limp lips and fierce mustache tips.

Hal era un giovane, forse diciannove anni, che indossava una cintura imbottita di cartucce.

Hal was a young man, maybe nineteen, wearing a cartridge-stuffed belt.

Nella cintura erano contenuti un grosso revolver e un coltello da caccia, entrambi inutilizzati.

The belt held a big revolver and a hunting knife, both unused.

Dimostrava quanto fosse inesperto e inadatto alla vita nel Nord.

It showed how inexperienced and unfit he was for northern life.

Nessuno dei due uomini viveva in natura; la loro presenza sfidava ogni ragionevolezza.

Neither man belonged in the wild; their presence defied all reason.

Buck osservava lo scambio di denaro tra l'acquirente e l'agente.

Buck watched as money exchanged hands between buyer and agent.

Sapeva che i conducenti dei treni postali stavano abbandonando la sua vita come tutti gli altri.

He knew the mail-train drivers were leaving his life like the rest.

Seguirono Perrault e François, ormai scomparsi.

They followed Perrault and François, now gone beyond recall.

Buck e la squadra vennero condotti al disordinato accampamento dei loro nuovi proprietari.

Buck and the team were led to their new owners' sloppy camp.

La tenda cedeva, i piatti erano sporchi e tutto era in disordine.

The tent sagged, dishes were dirty, and everything lay in disarray.

Anche Buck notò una donna lì: Mercedes, moglie di Charles e sorella di Hal.

Buck noticed a woman there too—Mercedes, Charles's wife and Hal's sister.

Formavano una famiglia completa, anche se erano tutt'altro che adatti al sentiero.

They made a complete family, though far from suited to the trail.

Buck osservava nervosamente mentre il trio iniziava a impacchettare le provviste.

Buck watched nervously as the trio started packing the supplies.

Lavoravano duro ma senza ordine, solo confusione e sforzi sprecati.

They worked hard but without order—just fuss and wasted effort.

La tenda era arrotolata fino a formare una sagoma ingombrante, decisamente troppo grande per la slitta.

The tent was rolled into a bulky shape, far too large for the sled.

I piatti sporchi venivano imballati senza essere stati né lavati né asciugati.

Dirty dishes were packed without being cleaned or dried at all.

Mercedes svolazzava in giro, parlando, correggendo e intromettendosi in continuazione.

Mercedes fluttered about, constantly talking, correcting, and meddling.

Quando le misero un sacco davanti, lei insistette perché lo mettesse dietro.

When a sack was placed on front, she insisted it go on the back.

Mise il sacco in fondo e un attimo dopo ne ebbe bisogno.

She packed the sack in the bottom, and the next moment she needed it.

Quindi la slitta venne disimballata di nuovo per raggiungere quella specifica borsa.

So the sled was unpacked again to reach the one specific bag.

Lì vicino, tre uomini stavano fuori da una tenda e osservavano la scena che si svolgeva.

Nearby, three men stood outside a tent, watching the scene unfold.

Sorrisero, ammiccarono e sogghignarono di fronte all'evidente confusione dei nuovi arrivati.

They smiled, winked, and grinned at the newcomers' obvious confusion.

"Hai già un carico parecchio pesante", disse uno degli uomini.

"You've got a right heavy load already," said one of the men.

"Non credo che dovresti portare quella tenda, ma la scelta è tua."

"I don't think you should carry that tent, but it's your choice."

"Impensabile!" gridò Mercedes, alzando le mani in segno di disperazione.

"Undreamed of!" cried Mercedes, throwing up her hands in despair.

"Come potrei viaggiare senza una tenda sotto cui dormire?"

"How could I possibly travel without a tent to stay under?"

«È primavera, non vedrai più il freddo», rispose l'uomo.

"It's springtime—you won't see cold weather again," the man replied.

Ma lei scosse la testa e loro continuarono ad accumulare oggetti sulla slitta.

But she shook her head, and they kept piling items onto the sled.

Il carico era pericolosamente alto mentre aggiungevano gli ultimi oggetti.

The load towered dangerously high as they added the final things.

"Pensi che la slitta andrà avanti?" chiese uno degli uomini con aria scettica.

"Think the sled will ride?" asked one of the men with a skeptical look.

"E perché non dovrebbe?" ribatté Charles con netto fastidio.

"Why shouldn't it?" Charles snapped back with sharp annoyance.

"Oh, va bene", disse rapidamente l'uomo, evitando di offendersi.

"Oh, that's all right," the man said quickly, backing away from offense.

"Mi chiedevo solo: mi sembrava un po' troppo pesante nella parte superiore."

"I was only wondering—it just looked a bit too top-heavy to me."

Charles si voltò e legò il carico meglio che poté.

Charles turned away and tied down the load as best as he could.

Ma le legature erano allentate e l'imballaggio nel complesso era fatto male.

But the lashings were loose and the packing poorly done overall.

"Certo, i cani tireranno così tutto il giorno", disse sarcasticamente un altro uomo.

"Sure, the dogs will pull that all day," another man said sarcastically.

«Certamente», rispose Hal freddamente, afferrando il lungo timone della slitta.

"Of course," Hal replied coldly, grabbing the sled's long gee-pole.

Tenendo una mano sul palo, faceva roteare la frusta nell'altra.

With one hand on the pole, he swung the whip in the other.

"Andiamo!" urlò. "Muovetevi!", incitando i cani a partire.

"Let's go!" he shouted. "Move it!" urging the dogs to start.

I cani si appoggiarono all'imbracatura e si sforzarono per qualche istante.

The dogs leaned into the harness and strained for a few moments.

Poi si fermarono, incapaci di spostare di un centimetro la slitta sovraccarica.

Then they stopped, unable to budge the overloaded sled an inch.

"Quei fannulloni!" urlò Hal, alzando la frusta per colpirli.

"The lazy brutes!" Hal yelled, lifting the whip to strike them.

Ma Mercedes si precipitò dentro e strappò la frusta dalle mani di Hal.

But Mercedes rushed in and seized the whip from Hal's hands.

«Oh, Hal, non osare far loro del male», gridò allarmata.

"Oh, Hal, don't you dare hurt them," she cried in alarm.

"Promettimi che sarai gentile con loro, altrimenti non farò un altro passo."

"Promise me you'll be kind to them, or I won't go another step."

"Non sai niente di cani", scattò Hal contro la sorella.

"You don't know a thing about dogs," Hal snapped at his sister.

"Sono pigri e l'unico modo per smuoverli è frustarli."

"They're lazy, and the only way to move them is to whip them."

"Chiedi a chiunque, chiedi a uno di quegli uomini laggiù se dubiti di me."

"Ask anyone—ask one of those men over there if you doubt me."

Mercedes guardò gli astanti con occhi imploranti e pieni di lacrime.

Mercedes looked at the onlookers with pleading, tearful eyes.

Il suo viso rivelava quanto odiasse la vista di qualsiasi dolore.

Her face showed how deeply she hated the sight of any pain.

"Sono deboli, tutto qui", ha detto un uomo. "Sono sfiniti."

"They're weak, that's all," one man said. "They're worn out."

"Hanno bisogno di riposare: hanno lavorato troppo a lungo senza una pausa."

"They need rest—they've been worked too long without a break."

«Che il resto sia maledetto», borbottò Hal arricciando il labbro.

"Rest be cursed," Hal muttered with his lip curled.

Mercedes sussultò, visibilmente addolorata per le parole volgari pronunciate da lui.

Mercedes gasped, clearly pained by the coarse word from him.

Ciononostante, lei rimase leale e difese immediatamente il fratello.

Still, she stayed loyal and instantly defended her brother.

"Non badare a quell'uomo", disse ad Hal. "Sono i nostri cani."

"Don't mind that man," she said to Hal. "They're our dogs."

"Li guidi come meglio credi: fai ciò che ritieni giusto."

"You drive them as you see fit—do what you think is right."

Hal sollevò la frusta e colpì di nuovo i cani senza pietà.

Hal raised the whip and struck the dogs again without mercy.

Si lanciarono in avanti, con i corpi bassi e i piedi che affondavano nella neve.

They lunged forward, bodies low, feet pushing into the snow.

Tutta la loro forza era concentrata nel traino, ma la slitta non si muoveva.

All their strength went into the pull, but the sled wasn't moving.

La slitta rimase bloccata, come un'ancora congelata nella neve compatta.

The sled stayed stuck, like an anchor frozen into the packed snow.

Dopo un secondo tentativo, i cani si fermarono di nuovo, ansimando forte.

After a second effort, the dogs stopped again, panting hard.

Hal sollevò di nuovo la frusta, proprio mentre Mercedes interferiva di nuovo.

Hal raised the whip once more, just as Mercedes interfered again.

Si lasciò cadere in ginocchio davanti a Buck e gli abbracciò il collo.

She dropped to her knees in front of Buck and hugged his neck.

Le lacrime le riempivano gli occhi mentre implorava il cane esausto.

Tears filled her eyes as she pleaded with the exhausted dog.

"Poveri cari", disse, "perché non tirate più forte?"

"You poor dears," she said, "why don't you just pull harder?"

"Se tiri, non verrai frustato così."

"If you pull, then you won't get to be whipped like this."

A Buck non piaceva Mercedes, ma ormai era troppo stanco per resisterle.

Buck disliked Mercedes, but he was too tired to resist her now.

Lui accettò le sue lacrime come se fossero solo un'altra parte di quella giornata miserabile.

He accepted her tears as just another part of the miserable day.

Uno degli uomini che osservavano, dopo aver represso la rabbia, finalmente parlò.

One of the watching men finally spoke after holding back his anger.

"Non mi interessa cosa succede a voi, ma quei cani sono importanti."

"I don't care what happens to you folks, but those dogs matter."

"Se vuoi aiutare, stacca quella slitta: è ghiacciata e innevata."

"If you want to help, break that sled loose—it's frozen to the snow."

"Spingi con forza il palo della luce, a destra e a sinistra, e rompi il sigillo di ghiaccio."

"Push hard on the gee-pole, right and left, and break the ice seal."

Fu fatto un terzo tentativo, questa volta seguendo il suggerimento dell'uomo.

A third attempt was made, this time following the man's suggestion.

Hal fece oscillare la slitta da una parte all'altra, facendo staccare i pattini.

Hal rocked the sled from side to side, breaking the runners loose.

La slitta, benché sovraccarica e scomoda, alla fine sobbalzò in avanti.

The sled, though overloaded and awkward, finally lurched forward.

Buck e gli altri tirarono selvaggiamente, spinti da una tempesta di frustate.

Buck and the others pulled wildly, driven by a storm of whiplashes.

Un centinaio di metri più avanti, il sentiero curvava e scendeva in pendenza verso la strada.

A hundred yards ahead, the trail curved and sloped into the street.

Ci sarebbe voluto un guidatore esperto per tenere la slitta in posizione verticale.

It was going to have taken a skilled driver to keep the sled upright.

Hal non era abile e la slitta si ribaltò mentre svoltava.

Hal was not skilled, and the sled tipped as it swung around the bend.

Le cinghie allentate cedettero e metà del carico si rovesciò sulla neve.

Loose lashings gave way, and half the load spilled onto the snow.

I cani non si fermarono; la slitta più leggera continuò a procedere su un fianco.

The dogs did not stop; the lighter sled flew along on its side.

I cani, furiosi per i maltrattamenti e per il peso del carico, corsero più veloci.

Angry from abuse and the heavy burden, the dogs ran faster.

Buck, infuriato, si lanciò a correre, seguito dalla squadra.

Buck, in fury, broke into a run, with the team following behind.

Hal urlò "Whoa! Whoa!" ma la squadra non gli prestò attenzione.

Hal shouted "Whoa! Whoa!" but the team paid no attention to him.

Inciampò, cadde e fu trascinato a terra dall'imbracatura.

He tripped, fell, and was dragged along the ground by the harness.

La slitta rovesciata lo travolse mentre i cani continuavano a correre avanti.

The overturned sled bumped over him as the dogs raced on ahead.

Il resto delle provviste è sparso lungo la trafficata strada di Skaguay.

The rest of the supplies scattered across Skaguay's busy street.

Le persone di buon cuore si precipitarono a fermare i cani e a raccogliere l'attrezzatura.

Kind-hearted people rushed to stop the dogs and gather the gear.

Diedero anche consigli schietti e pratici ai nuovi viaggiatori.

They also gave advice, blunt and practical, to the new travelers.

"Se vuoi raggiungere Dawson, prendi metà del carico e raddoppia i cani."

"If you want to reach Dawson, take half the load and double the dogs."

Hal, Charles e Mercedes ascoltarono, anche se non con entusiasmo.

Hal, Charles, and Mercedes listened, though not with enthusiasm.

Montarono la tenda e cominciarono a sistemare le loro provviste.

They pitched their tent and started sorting through their supplies.

Ne uscirono dei cibi in scatola, che fecero ridere a crepapelle gli astanti.

Out came canned goods, which made onlookers laugh aloud.

"Roba in scatola sul sentiero? Morirai di fame prima che si sciolga", disse uno.

"Canned stuff on the trail? You'll starve before that melts," one said.

"Coperte d'albergo? Meglio buttarle via tutte."

"Hotel blankets? You're better off throwing them all out."

"Togli anche la tenda e qui nessuno laverà più i piatti."

"Ditch the tent, too, and no one washes dishes here."

"Pensi di viaggiare su un treno Pullman con dei servitori a bordo?"

"You think you're riding a Pullman train with servants on board?"

Il processo ebbe inizio: ogni oggetto inutile venne gettato da parte.

The process began—every useless item was tossed to the side.

Mercedes pianse quando le sue borse furono svuotate sul terreno innevato.

Mercedes cried when her bags were emptied onto the snowy ground.

Singhiozzava per ogni oggetto buttato via, uno per uno, senza sosta.

She sobbed over every item thrown out, one by one without pause.

Giurò di non fare un altro passo, nemmeno per dieci Charles.

She vowed not to go one more step—not even for ten Charleses.

Pregò ogni persona vicina di lasciarle conservare le sue cose preziose.

She begged each person nearby to let her keep her precious things.

Alla fine si asciugò gli occhi e cominciò a gettare via anche i vestiti più importanti.

At last, she wiped her eyes and began tossing even vital clothes.

Una volta terminato il suo, cominciò a svuotare le scorte degli uomini.

When done with her own, she began emptying the men's supplies.

Come un turbine, fece a pezzi gli effetti personali di Charles e Hal.

Like a whirlwind, she tore through Charles and Hal's belongings.

Sebbene il carico fosse dimezzato, era comunque molto più pesante del necessario.

Though the load was halved, it was still far heavier than needed.

Quella notte, Charles e Hal uscirono e comprarono sei nuovi cani.

That night, Charles and Hal went out and bought six new dogs.

Questi nuovi cani si unirono ai sei originali, più Teek e Koona.

These new dogs joined the original six, plus Teek and Koona.

Insieme formarono una squadra di quattordici cani attaccati alla slitta.

Together they made a team of fourteen dogs hitched to the sled.

Ma i nuovi cani erano inadatti e poco addestrati per il lavoro con la slitta.

But the new dogs were unfit and poorly trained for sled work.

Tre dei cani erano cani da caccia a pelo corto, mentre uno era un Terranova.

Three of the dogs were short-haired pointers, and one was a Newfoundland.

Gli ultimi due cani erano meticci senza alcuna razza o scopo ben definito.

The final two dogs were mutts of no clear breed or purpose at all.

Non capivano il percorso e non lo imparavano in fretta.

They didn't understand the trail, and they didn't learn it quickly.

Buck e i suoi compagni li osservavano con disprezzo e profonda irritazione.

Buck and his mates watched them with scorn and deep irritation.

Sebbene Buck insegnasse loro cosa non fare, non poteva insegnare loro il dovere.

Though Buck taught them what not to do, he could not teach duty.

Non amavano la vita sui sentieri né la trazione delle redini e delle slitte.

They didn't take well to trail life or the pull of reins and sleds.

Soltanto i bastardi cercarono di adattarsi, e anche a loro mancava lo spirito combattivo.

Only the mongrels tried to adapt, and even they lacked fighting spirit.

Gli altri cani erano confusi, indeboliti e distrutti dalla loro nuova vita.

The other dogs were confused, weakened, and broken by their new life.

Con i nuovi cani all'oscuro e i vecchi esausti, la speranza era flebile.

With the new dogs clueless and the old ones exhausted, hope was thin.

La squadra di Buck aveva percorso duemilacinquecento miglia di sentiero accidentato.

Buck's team had covered twenty-five hundred miles of harsh trail.

Ciononostante, i due uomini erano allegri e orgogliosi della loro grande squadra di cani.

Still, the two men were cheerful and proud of their large dog team.

Pensavano di viaggiare con stile, con quattordici cani al seguito.

They thought they were traveling in style, with fourteen dogs hitched.

Avevano visto delle slitte partire per Dawson e altre arrivarne.

They had seen sleds leave for Dawson, and others arrive from it.

Ma non ne avevano mai vista una trainata da ben quattordici cani.

But never had they seen one pulled by as many as fourteen dogs.

C'era un motivo per cui squadre del genere erano rare nelle terre selvagge dell'Artico.

There was a reason such teams were rare in the Arctic wilderness.

Nessuna slitta poteva trasportare cibo sufficiente a sfamare quattordici cani per l'intero viaggio.

No sled could carry enough food to feed fourteen dogs for the trip.

Ma Charles e Hal non lo sapevano: avevano fatto i calcoli.

But Charles and Hal didn't know that—they had done the math.

Hanno pianificato la razione di cibo: una certa quantità per cane, per un certo numero di giorni, fatta.

They penciled out the food: so much per dog, so many days, done.

Mercedes guardò i numeri e annuì come se avessero senso.

Mercedes looked at their figures and nodded as if it made sense.

Tutto le sembrava molto semplice, almeno sulla carta.

It all seemed very simple to her, at least on paper.

La mattina seguente, Buck guidò lentamente la squadra lungo la strada innevata.

The next morning, Buck led the team slowly up the snowy street.

Non c'era né energia né spirito in lui e nei cani dietro di lui.

There was no energy or spirit in him or the dogs behind him.

Erano stanchi morti fin dall'inizio: non avevano più riserve.

They were dead tired from the start—there was no reserve left.

Buck aveva già fatto quattro viaggi tra Salt Water e Dawson.

Buck had made four trips between Salt Water and Dawson already.

Ora, di fronte alla stessa pista, non provava altro che amarezza.

Now, faced with the same trail again, he felt nothing but bitterness.

Il suo cuore non c'era, e nemmeno quello degli altri cani.

His heart was not in it, nor were the hearts of the other dogs.

I nuovi cani erano timidi e gli husky non si fidavano per niente.

The new dogs were timid, and the huskies lacked all trust.

Buck capì che non poteva fare affidamento su quei due uomini o sulla loro sorella.

Buck sensed he could not rely on these two men or their sister.

Non sapevano nulla e non mostravano alcun segno di apprendimento lungo il percorso.

They knew nothing and showed no signs of learning on the trail.

Erano disorganizzati e privi di qualsiasi senso di disciplina.

They were disorganized and lacked any sense of discipline.

Ogni volta impiegavano metà della notte per allestire un accampamento malmesso.

It took them half the night to set up a sloppy camp each time.

E metà della mattina successiva la trascorsero di nuovo armeggiando con la slitta.

And half the next morning they spent fumbling with the sled again.

Spesso a mezzogiorno si fermavano solo per sistemare il carico irregolare.

By noon, they often stopped just to fix the uneven load.

In alcuni giorni percorsero meno di dieci miglia in totale.

On some days, they traveled less than ten miles in total.

Altri giorni non riuscivano proprio ad abbandonare l'accampamento.

Other days, they didn't manage to leave camp at all.

Non sono mai riusciti a coprire la distanza alimentare prevista.

They never came close to covering the planned food-distance.

Come previsto, il cibo per i cani finì molto presto.

As expected, they ran short on food for the dogs very quickly.

Nei primi tempi hanno peggiorato ulteriormente la situazione con l'eccesso di cibo.

They made matters worse by overfeeding in the early days.

Ciò rendeva la carestia sempre più vicina, con ogni razione disattenta.

This brought starvation closer with every careless ration.

I nuovi cani non avevano ancora imparato a sopravvivere con molto poco.

The new dogs had not learned to survive on very little.

Mangiarono avidamente, con un appetito troppo grande per il sentiero.

They ate hungrily, with appetites too large for the trail.

Vedendo i cani indebolirsi, Hal pensò che il cibo non fosse sufficiente.

Seeing the dogs weaken, Hal believed the food wasn't enough.

Raddoppiò le razioni, peggiorando ulteriormente l'errore.

He doubled the rations, making the mistake even worse.

Mercedes aggravò il problema con le sue lacrime e le sue suppliche sommesse.

Mercedes added to the problem with tears and soft pleading.

Quando non riuscì a convincere Hal, diede da mangiare ai cani di nascosto.

When she couldn't convince Hal, she fed the dogs in secret.

Rubò il pesce dai sacchi e glielo diede alle spalle.

She stole from the fish sacks and gave it to them behind his back.

Ma ciò di cui i cani avevano veramente bisogno non era altro cibo: era riposo.

But what the dogs truly needed wasn't more food — it was rest.

Nonostante la loro scarsa velocità, la pesante slitta continuava a procedere.

They were making poor time, but the heavy sled still dragged on.

Quel peso da solo esauriva ogni giorno le loro forze rimanenti.

That weight alone drained their remaining strength each day.

Poi arrivò la fase della sottoalimentazione, quando le scorte scarseggiavano.

Then came the stage of underfeeding as the supplies ran low.

Una mattina Hal si accorse che metà del cibo per cani era già finito.

Hal realized one morning that half the dog food was already gone.

Avevano percorso solo un quarto della distanza totale del sentiero.

They had only traveled a quarter of the total trail distance.

Non si poteva più comprare cibo, a qualunque prezzo.

No more food could be bought, no matter what price was offered.

Ridusse le porzioni dei cani al di sotto della razione giornaliera standard.

He reduced the dogs' portions below the standard daily ration.

Allo stesso tempo, chiese di viaggiare più a lungo per compensare la perdita.

At the same time, he demanded longer travel to make up for loss.

Mercedes e Charles appoggiarono questo piano, ma fallirono nella sua realizzazione.

Mercedes and Charles supported this plan, but failed in execution.

La loro pesante slitta e la mancanza di abilità rendevano il progresso quasi impossibile.

Their heavy sled and lack of skill made progress nearly impossible.

Era facile dare meno cibo, ma impossibile forzare uno sforzo maggiore.

It was easy to give less food, but impossible to force more effort.

Non potevano partire prima, né viaggiare per ore extra.

They couldn't start early, nor could they travel for extra hours.

Non sapevano come gestire i cani, e nemmeno loro stessi, a dire il vero.

They didn't know how to work the dogs, nor themselves, for that matter.

Il primo cane a morire fu Dub, lo sfortunato ma laborioso ladro.

The first dog to die was Dub, the unlucky but hardworking thief.

Sebbene spesso punito, Dub aveva fatto la sua parte senza lamentarsi.

Though often punished, Dub had pulled his weight without complaint.

La sua spalla ferita peggiorò se non ricevette cure adeguate e non ebbe bisogno di riposo.

His injured shoulder grew worse without care or needed rest.

Alla fine, Hal usò la pistola per porre fine alle sofferenze di Dub.

Finally, Hal used the revolver to end Dub's suffering.

Un detto comune afferma che i cani normali muoiono se vengono nutriti con razioni di husky.

A common saying claimed that normal dogs die on husky rations.

I sei nuovi compagni di Buck avevano ricevuto solo metà della quota di cibo riservata all'husky.

Buck's six new companions had only half the husky's share of food.

Il Terranova morì per primo, seguito dai tre cani da caccia a pelo corto.

The Newfoundland died first, then the three short-haired pointers.

I due bastardi resistettero più a lungo ma alla fine morirono come gli altri.

The two mongrels held on longer but finally perished like the rest.

Ormai tutti i comfort e la gentilezza del Southland erano scomparsi.

By this time, all the amenities and gentleness of the Southland were gone.

Le tre persone avevano perso le ultime tracce della loro educazione civile.

The three people had shed the last traces of their civilized upbringing.

Spogliato di glamour e romanticismo, il viaggio nell'Artico è diventato brutalmente reale.

Stripped of glamour and romance, Arctic travel became brutally real.

Era una realtà troppo dura per il loro senso di virilità e femminilità.

It was a reality too harsh for their sense of manhood and womanhood.

Mercedes non piangeva più per i cani, ma piangeva solo per se stessa.

Mercedes no longer wept for the dogs, but now wept only for herself.

Trascorreva il tempo piangendo e litigando con Hal e Charles.

She spent her time crying and quarreling with Hal and Charles.

Litigare era l'unica cosa per cui non si stancavano mai.

Quarreling was the one thing they were never too tired to do.

La loro irritabilità nasceva dalla miseria, cresceva con essa e la superava.

Their irritability came from misery, grew with it, and surpassed it.

La pazienza del cammino, nota a coloro che faticano e soffrono con generosità, non è mai arrivata.

The patience of the trail, known to those who toil and suffer kindly, never came.

Quella pazienza che rende dolce la parola nonostante il dolore, era a loro sconosciuta.

That patience, which keeps speech sweet through pain, was unknown to them.

Non avevano alcun briciolo di pazienza, nessuna forza derivante dalla sofferenza con grazia.

They had no hint of patience, no strength drawn from suffering with grace.

Erano irrigiditi dal dolore: dolori nei muscoli, nelle ossa e nel cuore.

They were stiff with pain—aching in their muscles, bones, and hearts.

Per questo motivo, divennero taglienti nella lingua e pronti a pronunciare parole dure.

Because of this, they grew sharp of tongue and quick with harsh words.

Ogni giorno iniziava e finiva con voci arrabbiate e lamentele amare.

Each day began and ended with angry voices and bitter complaints.

Charles e Hal litigavano ogni volta che Mercedes ne dava loro l'occasione.

Charles and Hal wrangled whenever Mercedes gave them a chance.

Ogni uomo credeva di aver fatto più del dovuto.

Each man believed he did more than his fair share of the work.

Nessuno dei due ha mai perso l'occasione di dirlo, ancora e ancora.

Neither ever missed a chance to say so, again and again.

A volte Mercedes si schierava con Charles, a volte con Hal.

Sometimes Mercedes sided with Charles, sometimes with Hal.

Ciò portò a una grande e infinita lite tra i tre.

This led to a grand and endless quarrel among the three.

La disputa su chi dovesse tagliare la legna da ardere divenne incontrollabile.

A dispute over who should chop firewood grew out of control.

Ben presto vennero nominati padri, madri, cugini e parenti defunti.

Soon, fathers, mothers, cousins, and dead relatives were named.

Le opinioni di Hal sull'arte o sulle opere teatrali di suo zio divennero parte della lotta.

Hal's views on art or his uncle's plays became part of the fight.

Anche le convinzioni politiche di Carlo entrarono nel dibattito.

Charles's political beliefs also entered the debate.

Per Mercedes, perfino i pettegolezzi della sorella del marito sembravano rilevanti.

To Mercedes, even her husband's sister's gossip seemed relevant.

Espresse la sua opinione su questo e su molti dei difetti della famiglia di Charles.

She aired opinions on that and on many of Charles's family's flaws.

Mentre discutevano, il fuoco rimase spento e l'accampamento mezzo allestito.

While they argued, the fire stayed unlit and camp half set.

Nel frattempo i cani erano rimasti infreddoliti e senza cibo.

Meanwhile, the dogs remained cold and without any food.

Mercedes nutriva un risentimento che considerava profondamente personale.

Mercedes held a grievance she considered deeply personal.

Si sentiva maltrattata in quanto donna e le venivano negati i suoi gentili privilegi.

She felt mistreated as a woman, denied her gentle privileges.

Era carina e gentile, e per tutta la vita era stata abituata alla cavalleria.

She was pretty and soft, and used to chivalry all her life.

Ma suo marito e suo fratello ora la trattavano con impazienza.

But her husband and brother now treated her with impatience.

Aveva l'abitudine di comportarsi in modo impotente e loro cominciarono a lamentarsi.

Her habit was to act helpless, and they began to complain.

Offesa da ciò, rese loro la vita ancora più difficile.

Offended by this, she made their lives all the more difficult.

Ignorò i cani e insistette per guidare lei stessa la slitta.

She ignored the dogs and insisted on riding the sled herself.

Sebbene sembrasse esile, pesava centoventi libbre.

Though light in looks, she weighed one hundred twenty pounds.

Quel peso aggiuntivo era troppo per i cani affamati e deboli.

That added burden was too much for the starving, weak dogs.

Nonostante ciò, continuò a cavalcare per giorni, finché i cani non crollarono nelle redini.

Still, she rode for days, until the dogs collapsed in the reins.

La slitta si fermò e Charles e Hal la implorarono di proseguire a piedi.

The sled stood still, and Charles and Hal begged her to walk.

Loro la implorarono e la scongiurarono, ma lei pianse e li definì crudeli.

They pleaded and entreated, but she wept and called them cruel.

In un'occasione, la tirarono giù dalla slitta con pura forza e rabbia.

On one occasion, they pulled her off the sled with sheer force and anger.

Dopo quello che accadde quella volta non ci riprovarono più.

They never tried again after what happened that time.

Si accasciò come una bambina viziata e si sedette nella neve.

She went limp like a spoiled child and sat in the snow.

Proseguirono, ma lei si rifiutò di alzarsi o di seguirli.

They moved on, but she refused to rise or follow behind.

Dopo tre miglia si fermarono, tornarono indietro e la riportarono indietro.

After three miles, they stopped, returned, and carried her back.

La ricaricarono sulla slitta, usando ancora una volta la forza bruta.

They reloaded her onto the sled, again using brute strength.

Nella loro profonda miseria, erano insensibili alla sofferenza dei cani.

In their deep misery, they were callous to the dogs' suffering.

Hal credeva che fosse necessario indurirsi e impose questa convinzione agli altri.

Hal believed one must get hardened and forced that belief on others.

Inizialmente ha cercato di predicare la sua filosofia a sua sorella

He first tried to preach his philosophy to his sister

e poi, senza successo, predicò al cognato.

and then, without success, he preached to his brother-in-law.

Ebbe più successo con i cani, ma solo perché li ferì.

He had more success with the dogs, but only because he hurt them.

Da Five Fingers il cibo per cani è rimasto completamente vuoto.

At Five Fingers, the dog food ran out of food completely.

Una vecchia squaw sdentata vendette qualche libbre di pelle di cavallo congelata

A toothless old squaw sold a few pounds of frozen horse-hide

Hal barattò la sua pistola con la pelle di cavallo secca.

Hal traded his revolver for the dried horse-hide.

La carne proveniva da cavalli di allevatori affamati mesi prima.

The meat had come from starved horses of cattlemen months before.

Congelata, la pelle era come ferro zincato: dura e immangiabile.

Frozen, the hide was like galvanized iron; tough and inedible.

Per riuscire a mangiarla, i cani dovevano masticare la pelle senza sosta.

The dogs had to chew endlessly at the hide to eat it.

Ma le corde coriacee e i peli corti non erano certo un nutrimento.

But the leathery strings and short hair were hardly nourishment.

La maggior parte della pelle era irritante e non era cibo in senso stretto.

Most of the hide was irritating, and not food in any true sense.

E nonostante tutto, Buck barcollava davanti a tutti, come in un incubo.

And through it all, Buck staggered at the front, like in a nightmare.

Quando poteva, tirava; quando non poteva, restava lì finché non veniva sollevato dalla frusta o dal bastone.

He pulled when able; when not, he lay until whip or club raised him.

Il suo pelo fine e lucido aveva perso tutta la rigidità e la lucentezza di un tempo.

His fine, glossy coat had lost all stiffness and sheen it once had.

I suoi capelli erano flosci, spettinati e pieni di sangue rappreso a causa dei colpi.

His hair hung limp, draggled, and clotted with dried blood from the blows.

I suoi muscoli si ridussero a midolli e i cuscinetti di carne erano tutti consumati.

His muscles shrank to cords, and his flesh pads were all worn away.

Ogni costola, ogni osso erano chiaramente visibili attraverso le pieghe della pelle rugosa.

Each rib, each bone showed clearly through folds of wrinkled skin.

Fu straziante, ma il cuore di Buck non riuscì a spezzarsi.

It was heartbreaking, yet Buck's heart could not break.

L'uomo con il maglione rosso lo aveva testato e dimostrato molto tempo prima.

The man in the red sweater had tested that and proved it long ago.

Così come accadde a Buck, accadde anche a tutti i suoi compagni di squadra rimasti.

As it was with Buck, so it was with all his remaining teammates.

Ce n'erano sette in totale, ognuno uno scheletro ambulante di miseria.

There were seven in total, each one a walking skeleton of misery.

Erano diventati insensibili alle fruste e sentivano solo un dolore distante.

They had grown numb to lash, feeling only distant pain.

Anche la vista e i suoni li raggiungevano debolmente, come attraverso una fitta nebbia.

Even sight and sound reached them faintly, as through a thick fog.

Non erano mezzi vivi: erano ossa con deboli scintille al loro interno.

They were not half alive—they were bones with dim sparks inside.

Una volta fermati, crollarono come cadaveri, con le scintille quasi del tutto spente.

When stopped, they collapsed like corpses, their sparks almost gone.

E quando la frusta o il bastone colpivano di nuovo, le scintille sfarfallavano debolmente.

And when the whip or club struck again, the sparks fluttered weakly.

Poi si alzarono, barcollarono in avanti e trascinarono le loro membra in avanti.

Then they rose, staggered forward, and dragged their limbs ahead.

Un giorno il gentile Billee cadde e non riuscì più a rialzarsi.

One day kind Billee fell and could no longer rise at all.

Hal aveva scambiato la sua pistola con quella di Billee, così decise di ucciderla con un'ascia.

Hal had traded his revolver, so he used an axe to kill Billee instead.

Lo colpì alla testa, poi gli tagliò il corpo e lo trascinò via.

He struck him on the head, then cut his body free and dragged it away.

Buck se ne accorse, e così fecero anche gli altri: sapevano che la morte era vicina.

Buck saw this, and so did the others; they knew death was near.

Il giorno dopo Koona se ne andò, lasciando solo cinque cani nel gruppo affamato.

Next day Koona went, leaving just five dogs in the starving team.

Joe, non più cattivo, era ormai troppo fuori di sé per rendersi conto di nulla.

Joe, no longer mean, was too far gone to be aware of much at all.

Pike, ormai non fingeva più di essere ferito, era appena cosciente.

Pike, no longer faking his injury, was barely conscious.

Solleks, ancora fedele, si rammaricava di non avere più la forza di dare.

Solleks, still faithful, mourned he had no strength to give.

Teek fu battuto più di tutti perché era più fresco, ma stava calando rapidamente.

Teek was beaten most because he was fresher, but fading fast.

E Buck, ancora in testa, non mantenne più l'ordine né lo fece rispettare.

And Buck, still in the lead, no longer kept order or enforced it.

Mezzo accecato dalla debolezza, Buck seguì la pista solo a tentoni.

Half blind with weakness, Buck followed the trail by feel alone.

Era una bellissima primavera, ma nessuno di loro se ne accorse.

It was beautiful spring weather, but none of them noticed it.

Ogni giorno il sole sorgeva prima e tramontava più tardi.

Each day the sun rose earlier and set later than before.

Alle tre del mattino era già spuntata l'alba; il crepuscolo durò fino alle nove.

By three in the morning, dawn had come; twilight lasted till nine.

Le lunghe giornate erano illuminate dal sole primaverile.

The long days were filled with the full blaze of spring sunshine.

Il silenzio spettrale dell'inverno si era trasformato in un caldo mormorio.

The ghostly silence of winter had changed into a warm murmur.

Tutta la terra si stava svegliando, animata dalla gioia degli esseri viventi.

All the land was waking, alive with the joy of living things.

Il suono proveniva da ciò che era rimasto morto e immobile per tutto l'inverno.

The sound came from what had lain dead and still through winter.

Ora quelle cose si mossero di nuovo, scrollandosi di dosso il lungo sonno del gelo.

Now, those things moved again, shaking off the long frost sleep.

La linfa saliva attraverso i tronchi scuri dei pini in attesa.

Sap was rising through the dark trunks of the waiting pine trees.

Salici e pioppi tremuli fanno sbocciare giovani gemme luminose su ogni ramoscello.

Willows and aspens burst out bright young buds on each twig.

Arbusti e viti si tingono di un verde fresco mentre il bosco si anima.

Shrubs and vines put on fresh green as the woods came alive.

Di notte i grilli cantavano e di giorno gli insetti strisciavano nella luce del sole.

Crickets chirped at night, and bugs crawled in daylight sun.

Le pernici gridavano e i picchi picchiavano in profondità tra gli alberi.

Partridges boomed, and woodpeckers knocked deep in the trees.

Gli scoiattoli chiacchieravano, gli uccelli cantavano e le oche starnazzavano per richiamare l'attenzione dei cani.

Squirrels chattered, birds sang, and geese honked over the dogs.

Gli uccelli selvatici arrivavano a cunei affilati, volando in alto da sud.

The wild-fowl came in sharp wedges, flying up from the south.

Da ogni pendio giungeva la musica di ruscelli nascosti e impetuosi.

From every hillside came the music of hidden, rushing streams.

Tutto si scongelava e si spezzava, si piegava e ricominciava a muoversi.

All things thawed and snapped, bent and burst back into motion.

Lo Yukon si sforzò di spezzare le fredde catene del ghiaccio ghiacciato.

The Yukon strained to break the cold chains of frozen ice.

Il ghiaccio si scioglieva sotto, mentre il sole lo scioglieva dall'alto.

The ice melted underneath, while the sun melted it from above.

Si aprirono dei buchi, si allargarono delle crepe e dei pezzi caddero nel fiume.

Air-holes opened, cracks spread, and chunks fell into the river.

In mezzo a tutta questa vita sfrenata e sfrenata, i viaggiatori barcollavano.

Amid all this bursting and blazing life, the travelers staggered.

Due uomini, una donna e un branco di husky camminavano come morti.

Two men, a woman, and a pack of huskies walked like the dead.

I cani cadevano, Mercedes piangeva, ma continuava a guidare la slitta.

The dogs were falling, Mercedes wept, but still rode the sled.

Hal imprecò debolmente e Charles sbatté le palpebre con gli occhi lacrimanti.

Hal cursed weakly, and Charles blinked through watering eyes.

Si imbatterono nell'accampamento di John Thornton, nei pressi della foce del White River.

They stumbled into John Thornton's camp by White River's mouth.

Quando si fermarono, i cani caddero a terra, come se fossero stati tutti colpiti a morte.

When they stopped, the dogs dropped flat, as if all struck dead.

Mercedes si asciugò le lacrime e guardò John Thornton.

Mercedes wiped her tears and looked across at John Thornton.

Charles si sedette su un tronco, lentamente e rigidamente, dolorante per il sentiero.

Charles sat on a log, slowly and stiffly, aching from the trail.

Hal parlava mentre Thornton intagliava l'estremità del manico di un'ascia.

Hal did the talking as Thornton carved the end of an axe-handle.

Tagliò il legno di betulla e rispose con frasi brevi e decise.

He whittled birch wood and answered with brief, firm replies.

Quando gli veniva chiesto, dava un consiglio, certo che non sarebbe stato seguito.

When asked, he gave advice, certain it wasn't going to be followed.

Hal spiegò: "Ci avevano detto che il ghiaccio lungo la pista si stava staccando".

Hal explained, "They told us the trail ice was dropping out."

"Ci avevano detto che dovevamo restare fermi, ma siamo arrivati a White River."

"They said we should stay put—but we made it to White River."

Concluse con un tono beffardo, come per cantare vittoria nelle difficoltà.

He ended with a sneering tone, as if to claim victory in hardship.

"E ti hanno detto la verità", rispose John Thornton a bassa voce ad Hal.

"And they told you true," John Thornton answered Hal quietly.

"Il ghiaccio potrebbe cedere da un momento all'altro: è pronto a staccarsi."

"The ice may give way at any moment—it's ready to drop out."

"Solo la fortuna cieca e gli sciocchi avrebbero potuto arrivare vivi fin qui."

"Only blind luck and fools could have made it this far alive."

"Te lo dico senza mezzi termini: non rischierei la vita per tutto l'oro dell'Alaska."

"I tell you straight, I wouldn't risk my life for all Alaska's gold."

"Immagino che tu non sia uno stupido", rispose Hal.

"That's because you're not a fool, I suppose," Hal answered.

"Comunque, andiamo da Dawson." Srotolò la frusta.

"All the same, we'll go on to Dawson." He uncoiled his whip.

"Sali, Buck! Ehi! Alzati! Forza!" urlò con voce roca.

"Get up there, Buck! Hi! Get up! Go on!" he shouted harshly.

Thornton continuò a intagliare, sapendo che gli sciocchi non volevano sentire ragioni.

Thornton kept whittling, knowing fools won't hear reason.

Fermare uno stupido era inutile, e due o tre stupidi non cambiavano nulla.

To stop a fool was futile—and two or three fooled changed nothing.

Ma la squadra non si mosse al suono del comando di Hal.

But the team didn't move at the sound of Hal's command.

Ormai solo i colpi potevano farli sollevare e avanzare.

By now, only blows could make them rise and pull forward.

La frusta schioccava ripetutamente sui cani indeboliti.

The whip snapped again and again across the weakened dogs.

John Thornton strinse forte le labbra e osservò in silenzio.

John Thornton pressed his lips tightly and watched in silence.

Solleks fu il primo a rialzarsi sotto la frusta.

Solleks was the first to crawl to his feet under the lash.

Poi Teek lo seguì, tremando. Joe urlò mentre barcollava.

Then Teek followed, trembling. Joe yelped as he stumbled up.

Pike cercò di alzarsi, fallì due volte, poi alla fine si rialzò barcollando.

Pike tried to rise, failed twice, then finally stood unsteadily.

Ma Buck rimase lì dov'era caduto, senza muoversi affatto.

But Buck lay where he had fallen, not moving at all this time.

La frusta lo colpì più volte, ma lui non emise alcun suono.

The whip slashed him over and over, but he made no sound.

Lui non sussultò né oppose resistenza, rimase semplicemente immobile e in silenzio.

He did not flinch or resist, simply remained still and quiet.

Thornton si mosse più di una volta, come per parlare, ma non lo fece.

Thornton stirred more than once, as if to speak, but didn't.

I suoi occhi si inumidirono, ma la frusta continuava a schioccare contro Buck.

His eyes grew wet, and still the whip cracked against Buck.

Alla fine Thornton cominciò a camminare lentamente, incerto sul da farsi.

At last, Thornton began pacing slowly, unsure of what to do.

Era la prima volta che Buck falliva e Hal si infuriò.

It was the first time Buck had failed, and Hal grew furious.

Gettò via la frusta e prese al suo posto il pesante manganello.

He threw down the whip and picked up the heavy club instead.

La mazza di legno colpì con violenza, ma Buck non si alzò per muoversi.

The wooden club came down hard, but Buck still did not rise to move.

Come i suoi compagni di squadra, era troppo debole, ma non solo.

Like his teammates, he was too weak—but more than that.

Buck aveva deciso di non muoversi, qualunque cosa accadesse.

Buck had decided not to move, no matter what came next.

Sentì qualcosa di oscuro e sicuro incombere proprio davanti a sé.

He felt something dark and certain hovering just ahead.

Quel terrore lo aveva colto non appena aveva raggiunto la riva del fiume.

That dread had seized him as soon as he reached the riverbank.

Quella sensazione non lo aveva abbandonato da quando aveva sentito il ghiaccio assottigliarsi sotto le zampe.

The feeling had not left him since he felt the ice thin under his paws.

Qualcosa di terribile lo stava aspettando: lo sentiva proprio lungo il sentiero.

Something terrible was waiting—he felt it just down the trail.

Non avrebbe camminato verso quella cosa terribile davanti a lui

He wasn't going to walk towards that terrible thing ahead

Non avrebbe obbedito a nessun ordine che lo avrebbe condotto a quella cosa.

He was not going to obey any command that took him to that thing.

Ormai il dolore dei colpi non lo sfiorava più: era troppo stanco.

The pain of the blows hardly touched him now—he was too far gone.

La scintilla della vita tremolava lentamente, affievolita da ogni colpo crudele.

The spark of life flickered low, dimmed beneath each cruel strike.

Gli arti gli sembravano distanti; tutto il corpo sembrava appartenere a un altro.

His limbs felt distant; his whole body seemed to belong to another.

Sentì uno strano torpore mentre il dolore scompariva completamente.

He felt a strange numbness as the pain faded out completely.

Da lontano, sentiva che lo stavano picchiando, ma non se ne rendeva conto.

From far away, he sensed he was being beaten, but barely knew.

Poteva udire debolmente i tonfi, ma ormai non gli facevano più male.

He could hear the thuds faintly, but they no longer truly hurt.

I colpi andarono a segno, ma il suo corpo non sembrava più il suo.

The blows landed, but his body no longer seemed like his own.

Poi, all'improvviso, senza alcun preavviso, John Thornton lanciò un grido selvaggio.

Then suddenly, without warning, John Thornton gave a wild cry.

Era inarticolato, più il grido di una bestia che di un uomo.

It was inarticulate, more the cry of a beast than of a man.

Si lanciò sull'uomo con la mazza e fece cadere Hal all'indietro.

He leapt at the man with the club and knocked Hal backward.

Hal volò come se fosse stato colpito da un albero, atterrando pesantemente al suolo.

Hal flew as if struck by a tree, landing hard upon the ground.

Mercedes urlò a gran voce in preda al panico e si portò le mani al viso.

Mercedes screamed aloud in panic and clutched at her face.

Charles si limitò a guardare, si asciugò gli occhi e rimase seduto.

Charles only looked on, wiped his eyes, and stayed seated.

Il suo corpo era troppo irrigidito dal dolore per alzarsi o contribuire alla lotta.

His body was too stiff with pain to rise or help in the fight.

Thornton era in piedi davanti a Buck, tremante di rabbia, incapace di parlare.

Thornton stood over Buck, trembling with fury, unable to speak.

Tremava di rabbia e lottò per trovare la voce.

He shook with rage and fought to find his voice through it.

"Se colpisci ancora quel cane, ti uccido", disse infine.

"If you strike that dog again, I'll kill you," he finally said.

Hal si asciugò il sangue dalla bocca e tornò avanti.

Hal wiped blood from his mouth and came forward again.

"È il mio cane", borbottò. "Togliti di mezzo o ti sistemo io."

"It's my dog," he muttered. "Get out of the way, or I'll fix you."

"Vado da Dawson e tu non mi fermerai", ha aggiunto.

"I'm going to Dawson, and you're not stopping me," he added.

Thornton si fermò tra Buck e il giovane arrabbiato.

Thornton stood firm between Buck and the angry young man.

Non aveva alcuna intenzione di farsi da parte o di lasciar passare Hal.

He had no intention of stepping aside or letting Hal pass.

Hal tirò fuori il suo coltello da caccia, lungo e pericoloso nella sua mano.

Hal pulled out his hunting knife, long and dangerous in hand.

Mercedes urlò, poi pianse, poi rise in preda a un'isteria selvaggia.

Mercedes screamed, then cried, then laughed in wild hysteria.

Thornton colpì la mano di Hal con il manico dell'ascia, con forza e rapidità.

Thornton struck Hal's hand with his axe-handle, hard and fast.

Il coltello si liberò dalla presa di Hal e volò a terra.

The knife was knocked loose from Hal's grip and flew to the ground.

Hal cercò di raccogliere il coltello, ma Thornton gli batté di nuovo le nocche.

Hal tried to pick the knife up, and Thornton rapped his knuckles again.

Poi Thornton si chinò, afferrò il coltello e lo tenne fermo.

Then Thornton stooped down, grabbed the knife, and held it.

Con due rapidi colpi del manico dell'ascia, tagliò le redini di Buck.

With two quick chops of the axe-handle, he cut Buck's reins.

Hal non aveva più voglia di combattere e si allontanò dal cane.

Hal had no fight left in him and stepped back from the dog.

Inoltre, ora Mercedes aveva bisogno di entrambe le braccia per restare in piedi.

Besides, Mercedes needed both arms now to keep her upright.

Buck era troppo vicino alla morte per poter nuovamente tirare la slitta.

Buck was too near death to be of use for pulling a sled again.

Pochi minuti dopo, ripartirono, dirigendosi verso il fiume.

A few minutes later, they pulled out, heading down the river.

Buck sollevò debolmente la testa e li guardò lasciare la banca.

Buck raised his head weakly and watched them leave the bank.

Pike guidava la squadra, con Solleks dietro al volante.

Pike led the team, with Solleks at the rear in the wheel spot.

Joe e Teek camminavano in mezzo, zoppicando entrambi per la stanchezza.

Joe and Teek walked between, both limping with exhaustion.

Mercedes si sedette sulla slitta e Hal afferrò la lunga pertica.

Mercedes sat on the sled, and Hal gripped the long gee-pole.

Charles barcollava dietro di lui, con passi goffi e incerti.

Charles stumbled behind, his steps clumsy and uncertain.

Thornton si inginocchiò accanto a Buck e tastò delicatamente per vedere se aveva ossa rotte.

Thornton knelt by Buck and gently felt for broken bones.

Le sue mani erano ruvide, ma si muovevano con gentilezza e cura.

His hands were rough but moved with kindness and care.

Il corpo di Buck era pieno di lividi, ma non presentava lesioni permanenti.

Buck's body was bruised but showed no lasting injury.

Ciò che restava era una fame terribile e una debolezza quasi totale.

What remained was terrible hunger and near-total weakness.

Quando la situazione fu più chiara, la slitta era già andata molto a valle.

By the time this was clear, the sled had gone far downriver.

L'uomo e il cane osservavano la slitta avanzare lentamente sul ghiaccio che si rompeva.

Man and dog watched the sled slowly crawl over the cracking ice.

Poi videro la slitta sprofondare in una cavità.

Then, they saw the sled sink down into a hollow.

La pertica volò in alto, ma Hal vi si aggrappò ancora invano.

The gee-pole flew up, with Hal still clinging to it in vain.

L'urlo di Mercedes li raggiunse attraverso la fredda distanza.

Mercedes's scream reached them across the cold distance.

Charles si voltò e fece un passo indietro, ma era troppo tardi.

Charles turned and stepped back—but he was too late.

Un'intera calotta di ghiaccio cedette e tutti precipitarono.

A whole ice sheet gave way, and they all dropped through.

Cani, slitte e persone scomparvero nelle acque nere sottostanti.

Dogs, sled, and people vanished into the black water below.

Nel punto in cui erano passati era rimasto solo un largo buco nel ghiaccio.

Only a wide hole in the ice was left where they had passed.

Il fondo del sentiero era crollato, proprio come aveva previsto Thornton.

The trail's bottom had dropped out—just as Thornton warned.

Thornton e Buck si guardarono l'un l'altro, in silenzio per un momento.

Thornton and Buck looked at one another, silent for a moment.

"Povero diavolo", disse Thornton dolcemente, e Buck gli leccò la mano.

"You poor devil," said Thornton softly, and Buck licked his hand.

Per amore di un uomo
For the Love of a Man

John Thornton si congelò i piedi per il freddo del dicembre precedente.

John Thornton froze his feet in the cold of the previous December.

I suoi compagni lo fecero sentire a suo agio e lo lasciarono guarire da solo.

His partners made him comfortable and left him to recover alone.

Risalirono il fiume per raccogliere una zattera di tronchi da sega per Dawson.

They went up the river to gather a raft of saw-logs for Dawson.

Zoppicava ancora leggermente quando salvò Buck dalla morte.

He was still limping slightly when he rescued Buck from death.

Ma con il persistere del caldo, anche quella zoppia è scomparsa.

But with warm weather continuing, even that limp disappeared.

Sdraiato sulla riva del fiume durante le lunghe giornate primaverili, Buck si riposò.

Lying by the riverbank during long spring days, Buck rested.

Osservava l'acqua che scorreva e ascoltava gli uccelli e gli insetti.

He watched the flowing water and listened to birds and insects.

Lentamente Buck riacquistò le forze sotto il sole e il cielo.

Slowly, Buck regained his strength under the sun and sky.

Dopo aver viaggiato tremila miglia, riposarsi è stato meraviglioso.

A rest felt wonderful after traveling three thousand miles.

Buck diventò pigro man mano che le sue ferite guarivano e il suo corpo si riempiva.

Buck became lazy as his wounds healed and his body filled out.

I suoi muscoli si rassodarono e la carne tornò a ricoprire le sue ossa.

His muscles grew firm, and flesh returned to cover his bones.

Stavano tutti riposando: Buck, Thornton, Skeet e Nig.

They were all resting—Buck, Thornton, Skeet, and Nig.

Aspettarono la zattera che li avrebbe portati a Dawson.

They waited for the raft that was going to carry them down to Dawson.

Skeet era un piccolo setter irlandese che fece amicizia con Buck.

Skeet was a small Irish setter who made friends with Buck.

Buck era troppo debole e malato per resisterle al loro primo incontro.

Buck was too weak and ill to resist her at their first meeting.

Skeet aveva la caratteristica di guaritore che alcuni cani possiedono per natura.

Skeet had the healer trait that some dogs naturally possess.

Come una gatta, leccò e pulì le ferite aperte di Buck.

Like a mother cat, she licked and cleaned Buck's raw wounds.

Ogni mattina, dopo colazione, ripeteva il suo attento lavoro.

Every morning after breakfast, she repeated her careful work.

Buck finì per aspettarsi il suo aiuto tanto quanto quello di Thornton.

Buck came to expect her help as much as he did Thornton's.

Anche Nig era amichevole, ma meno aperto e meno affettuoso.

Nig was friendly too, but less open and less affectionate.

Nig era un grosso cane nero, in parte segugio e in parte levriero.

Nig was a big black dog, part bloodhound and part deerhound.

Aveva occhi sorridenti e un'infinita bontà d'animo.

He had laughing eyes and endless good nature in his spirit.

Con sorpresa di Buck, nessuno dei due cani mostrò gelosia nei suoi confronti.

To Buck's surprise, neither dog showed jealousy toward him.

Sia Skeet che Nig condividevano la gentilezza di John Thornton.

Both Skeet and Nig shared the kindness of John Thornton.

Man mano che Buck diventava più forte, lo attiravano in stupidi giochi da cani.

As Buck got stronger, they lured him into foolish dog games.

Anche Thornton giocava spesso con loro, incapace di resistere alla loro gioia.

Thornton often played with them too, unable to resist their joy.

In questo modo giocoso, Buck passò dalla malattia a una nuova vita.

In this playful way, Buck moved from illness to a new life.

L'amore, quello vero, ardente e passionale, era finalmente suo.

Love—true, burning, and passionate love—was his at last.

Non aveva mai conosciuto questo tipo di amore nella tenuta di Miller.

He had never known this kind of love at Miller's estate.

Con i figli del giudice aveva condiviso lavoro e avventure.

With the Judge's sons, he had shared work and adventure.

Nei nipoti notò un orgoglio rigido e vanitoso.

With the grandsons, he saw stiff and boastful pride.

Con lo stesso giudice Miller aveva un rapporto di rispettosa amicizia.

With Judge Miller himself, he had a respectful friendship.

Ma l'amore che era fuoco, follia e adorazione era ciò che accadeva con Thornton.

But love that was fire, madness, and worship came with Thornton.

Quest'uomo aveva salvato la vita di Buck, e questo di per sé significava molto.

This man had saved Buck's life, and that alone meant a great deal.

Ma più di questo, John Thornton era il tipo ideale di maestro.

But more than that, John Thornton was the ideal kind of master.

Altri uomini si prendevano cura dei cani per dovere o per necessità lavorative.

Other men cared for dogs out of duty or business necessity.

John Thornton si prendeva cura dei suoi cani come se fossero figli.

John Thornton cared for his dogs as if they were his children.

Si prendeva cura di loro perché li amava e semplicemente non poteva farne a meno.

He cared for them because he loved them and simply could not help it.

John Thornton vide molto più lontano di quanto la maggior parte degli uomini riuscisse mai a vedere.

John Thornton saw even further than most men ever managed to see.

Non dimenticava mai di salutarli gentilmente o di pronunciare una parola di incoraggiamento.

He never forgot to greet them kindly or speak a cheering word.

Amava sedersi con i cani per fare lunghe chiacchierate, o "gassy", come diceva lui.

He loved sitting down with the dogs for long talks, or "gassy," as he said.

Gli piaceva afferrare bruscamente la testa di Buck tra le sue mani forti.

He liked to seize Buck's head roughly between his strong hands.

Poi appoggiò la testa contro quella di Buck e lo scosse delicatamente.

Then he rested his own head against Buck's and shook him gently.

Nel frattempo, chiamava Buck con nomi volgari che per lui significavano affetto.

All the while, he called Buck rude names that meant love to Buck.

Per Buck, quell'abbraccio rude e quelle parole portarono una gioia profonda.

To Buck, that rough embrace and those words brought deep joy.

A ogni movimento il suo cuore sembrava sussultare di felicità.

His heart seemed to shake loose with happiness at each movement.

Quando poi balzò in piedi, la sua bocca sembrava ridere.

When he sprang up afterward, his mouth looked like it laughed.

I suoi occhi brillavano intensamente e la sua gola tremava per una gioia inespressa.

His eyes shone brightly and his throat trembled with unspoken joy.

Il suo sorriso rimase immobile in quello stato di emozione e affetto ardente.

His smile stood still in that state of emotion and glowing affection.

Allora Thornton esclamò pensieroso: "Dio! Riesce quasi a parlare!"

Then Thornton exclaimed thoughtfully, "God! he can almost speak!"

Buck aveva uno strano modo di esprimere l'amore che quasi gli causava dolore.

Buck had a strange way of expressing love that nearly caused pain.

Spesso stringeva forte la mano di Thornton tra i denti.

He often griped Thornton's hand in his teeth very tightly.

Il morso avrebbe lasciato segni profondi che sarebbero rimasti per qualche tempo.

The bite was going to leave deep marks that stayed for some time after.

Buck credeva che quei giuramenti fossero amore, e Thornton la pensava allo stesso modo.

Buck believed those oaths were love, and Thornton knew the same.

Il più delle volte, l'amore di Buck si manifestava in un'adorazione silenziosa, quasi silenziosa.

Most often, Buck's love showed in quiet, almost silent adoration.

Sebbene fosse emozionato quando veniva toccato o gli si parlava, non cercava attenzione.

Though thrilled when touched or spoken to, he did not seek attention.

Skeet spinse il naso sotto la mano di Thornton finché lui non la accarezzò.

Skeet nudged her nose under Thornton's hand until he petted her.

Nig si avvicinò silenziosamente e appoggiò la sua grande testa sulle ginocchia di Thornton.

Nig walked up quietly and rested his large head on Thornton's knee.

Buck, al contrario, si accontentava di amare da una rispettosa distanza.

Buck, in contrast, was satisfied to love from a respectful distance.

Rimase sdraiato per ore ai piedi di Thornton, vigile e attento.

He lied for hours at Thornton's feet, alert and watching closely.

Buck studiò ogni dettaglio del volto del suo padrone, perfino il più piccolo movimento.

Buck studied every detail of his master's face and slightest motion.

Oppure sdraiati più lontano, studiando in silenzio la sagoma dell'uomo.

Or lied farther away, studying the man's shape in silence.

Buck osservava ogni piccolo movimento, ogni cambiamento di postura o di gesto.

Buck watched each small move, each shift in posture or gesture.

Questo legame era così potente che spesso catturava lo sguardo di Thornton.

So powerful was this connection that often pulled Thornton's gaze.

Incontrò lo sguardo di Buck senza dire parole, e il suo amore traspariva chiaramente.

He met Buck's eyes with no words, love shining clearly through.

Per molto tempo dopo essere stato salvato, Buck non perse mai di vista Thornton.

For a long while after being saved, Buck never let Thornton out of sight.

Ogni volta che Thornton usciva dalla tenda, Buck lo seguiva da vicino all'esterno.

Whenever Thornton left the tent, Buck followed him closely outside.

Tutti i severi padroni delle Terre del Nord avevano fatto sì che Buck non riuscisse più a fidarsi.

All the harsh masters in the Northland had made Buck afraid to trust.

Temeva che nessun uomo potesse restare suo padrone se non per un breve periodo.

He feared no man could remain his master for more than a short time.

Temeva che John Thornton sarebbe scomparso come Perrault e François.

He feared John Thornton was going to vanish like Perrault and François.

Anche di notte, la paura di perderlo tormentava il sonno agitato di Buck.

Even at night, the fear of losing him haunted Buck's restless sleep.

Quando Buck si svegliò, si trascinò fuori al freddo e andò nella tenda.

When Buck woke, he crept out into the cold, and went to the tent.

Ascoltò attentamente il leggero suono del suo respiro interiore.

He listened carefully for the soft sound of breathing inside.

Nonostante il profondo amore di Buck per John Thornton, la natura selvaggia sopravvisse.

Despite Buck's deep love for John Thornton, the wild stayed alive.

Quell'istinto primitivo, risvegliatosi nel Nord, non scomparve.

That primitive instinct, awakened in the North, did not disappear.

L'amore portava devozione, lealtà e il caldo legame attorno al fuoco.

Love brought devotion, loyalty, and the fire-side's warm bond.

Ma Buck mantenne anche i suoi istinti selvaggi, acuti e sempre all'erta.

But Buck also kept his wild instincts, sharp and ever alert.

Non era solo un animale domestico addomesticato proveniente dalle dolci terre della civiltà.

He was not just a tamed pet from the soft lands of civilization.

Buck era un essere selvaggio che si era seduto accanto al fuoco di Thornton.

Buck was a wild being who had come in to sit by Thornton's fire.

Sembrava un cane del Southland, ma in lui albergava la natura selvaggia.

He looked like a Southland dog, but wildness lived within him.

Il suo amore per Thornton era troppo grande per permettersi un furto da parte di quell'uomo.

His love for Thornton was too great to allow theft from the man.

Ma in qualsiasi altro campo ruberebbe con audacia e senza esitazione.

But in any other camp, he would steal boldly and without pause.

Era così abile nel rubare che nessuno riusciva a catturarlo o accusarlo.

He was so clever in stealing that no one could catch or accuse him.

Il suo viso e il suo corpo erano coperti di cicatrici dovute a molti combattimenti passati.

His face and body were covered in scars from many past fights.

Buck continuava a combattere con ferocia, ma ora lo faceva con maggiore astuzia.

Buck still fought fiercely, but now he fought with more cunning.

Skeet e Nig erano troppo docili per combattere, ed erano di Thornton.

Skeet and Nig were too gentle to fight, and they were Thornton's.

Ma qualsiasi cane estraneo, non importa quanto forte o coraggioso, cedeva.

But any strange dog, no matter how strong or brave, gave way.

Altrimenti, il cane si ritrovò a combattere contro Buck, lottando per la propria vita.

Otherwise, the dog found itself battling Buck; fighting for its life.

Buck non ebbe pietà quando decise di combattere contro un altro cane.

Buck had no mercy once he chose to fight against another dog.

Aveva imparato bene la legge del bastone e della zanna nel Nord.

He had learned well the law of club and fang in the Northland.

Non ha mai rinunciato a un vantaggio e non si è mai tirato indietro dalla battaglia.

He never gave up an advantage and never backed away from battle.

Aveva studiato Spitz e i cani più feroci della polizia e della posta.

He had studied Spitz and the fiercest dogs of mail and police.

Sapeva chiaramente che non esisteva via di mezzo in un combattimento selvaggio.

He knew clearly there was no middle ground in wild combat.

Doveva governare o essere governato; mostrare misericordia significava mostrare debolezza.

He must rule or be ruled; showing mercy meant showing weakness.

La pietà era sconosciuta nel mondo crudo e brutale della sopravvivenza.

Mercy was unknown in the raw and brutal world of survival.

Mostrare pietà era visto come un atto di paura, e la paura conduceva rapidamente alla morte.

To show mercy was seen as fear, and fear led quickly to death.

La vecchia legge era semplice: uccidere o essere uccisi, mangiare o essere mangiati.

The old law was simple: kill or be killed, eat or be eaten.

Quella legge proveniva dalle profondità del tempo e Buck la seguì alla lettera.

That law came from the depths of time, and Buck followed it fully.

Buck era più vecchio dei suoi anni e del numero dei suoi respiri.

Buck was older than his years and the number of breaths he took.

Collegava in modo chiaro il passato remoto con il momento presente.

He connected the ancient past with the present moment clearly.

I ritmi profondi dei secoli si muovevano attraverso di lui come le maree.

The deep rhythms of the ages moved through him like the tides.

Il tempo pulsava nel suo sangue con la stessa sicurezza con cui le stagioni muovevano la terra.

Time pulsed in his blood as surely as seasons moved the earth.

Sedeva accanto al fuoco di Thornton, con il petto forte e le zanne bianche.

He sat by Thornton's fire, strong-chested and white-fanged.

La sua lunga pelliccia ondeggiava, ma dietro di lui lo osservavano gli spiriti dei cani selvatici.

His long fur waved, but behind him the spirits of wild dogs watched.

Lupi mezzi e lupi veri si agitavano nel suo cuore e nei suoi sensi.

Half-wolves and full wolves stirred within his heart and senses.

Assaggiarono la sua carne e bevvero la stessa acqua che bevve lui.

They tasted his meat and drank the same water that he did.

Annusarono il vento insieme a lui e ascoltarono la foresta.

They sniffed the wind alongside him and listened to the forest.

Sussurravano il significato dei suoni selvaggi nell'oscurità.

They whispered the meanings of the wild sounds in the darkness.

Modellavano il suo umore e guidavano ciascuna delle sue reazioni silenziose.

They shaped his moods and guided each of his quiet reactions.

Giacevano accanto a lui mentre dormiva e diventavano parte dei suoi sogni profondi.

They lay with him as he slept and became part of his deep dreams.

Sognavano con lui, oltre lui, e costituivano il suo stesso spirito.

They dreamed with him, beyond him, and made up his very spirit.

Gli spiriti della natura selvaggia chiamavano con tanta forza che Buck si sentì attratto.

The spirits of the wild called so strongly that Buck felt pulled.

Ogni giorno che passava, l'umanità e le sue rivendicazioni si indebolivano nel cuore di Buck.

Each day, mankind and its claims grew weaker in Buck's heart.

Nel profondo della foresta si stava per udire uno strano ed emozionante richiamo.

Deep in the forest, a strange and thrilling call was going to rise.

Ogni volta che sentiva la chiamata, Buck provava un impulso a cui non riusciva a resistere.

Every time he heard the call, Buck felt an urge he could not resist.

Avrebbe voltato le spalle al fuoco e ai sentieri battuti dagli uomini.

He was going to turn from the fire and from the beaten human paths.

Stava per addentrarsi nella foresta, avanzando senza sapere il perché.

He was going to plunge into the forest, going forward without knowing why.

Non mise in discussione questa attrazione, perché la chiamata era profonda e potente.

He did not question this pull, for the call was deep and powerful.

Spesso raggiungeva l'ombra verde e la terra morbida e intatta

Often, he reached the green shade and soft untouched earth

Ma poi il forte amore per John Thornton lo riportò al fuoco.

But then the strong love for John Thornton pulled him back to the fire.

Soltanto John Thornton riuscì davvero a tenere stretto il cuore selvaggio di Buck.

Only John Thornton truly held Buck's wild heart in his grasp.

Per Buck il resto dell'umanità non aveva alcun valore o significato duraturo.

The rest of mankind had no lasting value or meaning to Buck.

Gli sconosciuti potrebbero lodarlo o accarezzargli la pelliccia con mani amichevoli.

Strangers might praise him or stroke his fur with friendly hands.

Buck rimase impassibile e se ne andò per eccesso di affetto.

Buck remained unmoved and walked off from too much affection.

Hans e Pete arrivarono con la zattera che era stata attesa a lungo

Hans and Pete arrived with the raft that had long been awaited

Buck li ignorò finché non venne a sapere che erano vicini a Thornton.

Buck ignored them until he learned they were close to Thornton.

Da allora in poi li tollerò, ma non dimostrò mai loro tutto il suo calore.

After that, he tolerated them, but never showed them full warmth.

Accettava da loro cibo o gentilezza come se volesse fare loro un favore.

He took food or kindness from them as if doing them a favor.

Erano come Thornton: semplici, onesti e lucidi nei pensieri.

They were like Thornton—simple, honest, and clear in thought.

Tutti insieme viaggiarono verso la segheria di Dawson e il grande vortice

All together they traveled to Dawson's saw-mill and the great eddy

Nel corso del loro viaggio impararono a comprendere profondamente la natura di Buck.

On their journey the learned to understand Buck's nature deeply.

Non cercarono di avvicinarsi come avevano fatto Skeet e Nig.

They did not try to grow close like Skeet and Nig had done.

Ma l'amore di Buck per John Thornton non fece che aumentare con il tempo.

But Buck's love for John Thornton only deepened over time.

Solo Thornton poteva mettere uno zaino sulla schiena di Buck durante l'estate.

Only Thornton could place a pack on Buck's back in the summer.

Buck era disposto a eseguire senza riserve qualsiasi ordine impartito da Thornton.

Whatever Thornton commanded, Buck was willing to do fully.

Un giorno, dopo aver lasciato Dawson per le sorgenti del Tanana,

One day, after they left Dawson for the headwaters of the Tanana,

il gruppo era seduto su una rupe che scendeva per un metro fino a raggiungere la nuda roccia.

the group sat on a cliff that dropped three feet to bare bedrock.

John Thornton si sedette vicino al bordo e Buck si riposò accanto a lui.

John Thornton sat near the edge, and Buck rested beside him.

Thornton ebbe un'idea improvvisa e richiamò l'attenzione degli uomini.

Thornton had a sudden thought and called the men's attention.

Indicò l'altro lato del baratro e diede a Buck un unico comando.

He pointed across the chasm and gave Buck a single command.

"Salta, Buck!" disse, allungando il braccio oltre il precipizio.

"Jump, Buck!" he said, swinging his arm out over the drop.

Un attimo dopo dovette afferrare Buck, che stava saltando per obbedire.

In a moment, he had to grab Buck, who was leaping to obey.

Hans e Pete si precipitarono in avanti e tirarono entrambi indietro per metterli in salvo.

Hans and Pete rushed forward and pulled both back to safety.

Dopo che tutto fu finito e che ebbero ripreso fiato, Pete prese la parola.

After all ended, and they had caught their breath, Pete spoke up.

«È un amore straordinario», disse, scosso dalla feroce devozione del cane.

"The love's uncanny," he said, shaken by the dog's fierce devotion.

Thornton scosse la testa e rispose con calma e serietà.

Thornton shook his head and replied with calm seriousness.

«No, l'amore è splendido», disse, «ma anche terribile».

"No, the love is splendid," he said, "but also terrible."

"A volte, devo ammetterlo, questo tipo di amore mi fa paura."

"Sometimes, I must admit, this kind of love makes me afraid."

Pete annuì e disse: "Mi dispiacerebbe tanto essere l'uomo che ti tocca".

Pete nodded and said, "I'd hate to be the man who touches you."

Mentre parlava, guardava Buck con aria seria e piena di rispetto.

He looked at Buck as he spoke, serious and full of respect.

"Py Jingo!" esclamò Hans in fretta. "Neanch'io, no signore."

"Py Jingo!" said Hans quickly. "Me either, no sir."

Prima che finisse l'anno, i timori di Pete si avverarono a Circle City.

Before the year ended, Pete's fears came true at Circle City.

Un uomo crudele di nome Black Burton attaccò una rissa nel bar.

A cruel man named Black Burton picked a fight in the bar.

Era arrabbiato e cattivo, e si scagliava contro un novellino.

He was angry and malicious, lashing out at a new tenderfoot.

John Thornton intervenne, calmo e bonario come sempre.

John Thornton stepped in, calm and good-natured as always.

Buck giaceva in un angolo, con la testa bassa, e osservava Thornton attentamente.

Buck lay in a corner, head down, watching Thornton closely.

Burton colpì all'improvviso e il suo pugno fece girare Thornton.

Burton suddenly struck, his punch sending Thornton spinning.

Solo la ringhiera della sbarra gli impedì di cadere violentemente a terra.

Only the bar's rail kept him from crashing hard to the ground.

Gli osservatori hanno sentito un suono che non era un abbaio o un guaito

The watchers heard a sound that was not bark or yelp

Buck emise un profondo ruggito mentre si lanciava verso l'uomo.

a deep roar came from Buck as he launched toward the man.

Burton alzò il braccio e per poco non si salvò la vita.

Burton threw his arm up and barely saved his own life.

Buck si schiantò contro di lui, facendolo cadere a terra.

Buck crashed into him, knocking him flat onto the floor.

Buck gli diede un morso profondo al braccio, poi si lanciò alla gola.

Buck bit deep into the man's arm, then lunged for the throat.

Burton riuscì a parare solo in parte e il suo collo fu squarciato.

Burton could only partly block, and his neck was torn open.

Gli uomini si precipitarono dentro, brandendo i manganelli e allontanarono Buck dall'uomo sanguinante.

Men rushed in, clubs raised, and drove Buck off the bleeding man.

Un chirurgo ha lavorato rapidamente per impedire che il sangue fuoriuscisse.

A surgeon worked quickly to stop the blood from flowing out.

Buck camminava avanti e indietro ringhiando, tentando di attaccare ancora e ancora.

Buck paced and growled, trying to attack again and again.

Soltanto i bastoni oscillanti gli impedirono di raggiungere Burton.

Only swinging clubs kept him back from reaching Burton.

Proprio lì, sul posto, venne convocata una riunione dei minatori.

A miners' meeting was called and held right there on the spot.

Concordarono sul fatto che Buck era stato provocato e votarono per liberarlo.

They agreed Buck had been provoked and voted to set him free.

Ma il nome feroce di Buck risuonava ormai in ogni accampamento dell'Alaska.

But Buck's fierce name now echoed in every camp in Alaska.

Più tardi, quello stesso autunno, Buck salvò Thornton di nuovo in un modo nuovo.

Later that fall, Buck saved Thornton again in a new way.

I tre uomini stavano guidando una lunga barca lungo delle rapide impetuose.

The three men were guiding a long boat down rough rapids.

Thornton manovrava la barca, gridando indicazioni per raggiungere la riva.

Thornton maned the boat, calling directions to the shoreline.

Hans e Pete correvano sulla terraferma, tenendo una corda da un albero all'altro.

Hans and Pete ran on land, holding a rope from tree to tree.

Buck procedeva a passo d'uomo sulla riva, tenendo sempre d'occhio il suo padrone.

Buck kept pace on the bank, always watching his master.

In un punto pericoloso, delle rocce sporgevano dall'acqua veloce.

At one nasty place, rocks jutted out under the fast water.

Hans lasciò andare la cima e Thornton tirò la barca verso la larghezza.

Hans let go of the rope, and Thornton steered the boat wide.

Hans corse a percorrerla di nuovo, superando le pericolose rocce.

Hans sprinted to catch the boat again past the dangerous rocks.

La barca superò la sporgenza ma trovò una corrente più forte.

The boat cleared the ledge but hit a stronger part of the current.

Hans afferrò la cima troppo velocemente e fece perdere l'equilibrio alla barca.

Hans grabbed the rope too quickly and pulled the boat off balance.

La barca si capovolse e sbatté contro la riva, con la parte inferiore rivolta verso l'alto.

The boat flipped over and slammed into the bank, bottom up.

Thornton venne scaraventato fuori e trascinato nella parte più selvaggia dell'acqua.

Thornton was thrown out and swept into the wildest part of the water.

Nessun nuotatore sarebbe sopravvissuto in quelle acque pericolose e pericolose.

No swimmer could have survived in those deadly, racing waters.

Buck si lanciò all'istante e inseguì il suo padrone lungo il fiume.

Buck jumped in instantly and chased his master down the river.

Dopo trecento metri finalmente raggiunse Thornton.

After three hundred yards, he reached Thornton at last.

Thornton afferrò la coda di Buck, e Buck si diresse verso la riva.

Thornton grabbed Buck's tail, and Buck turned for the shore.

Nuotò con tutte le sue forze, lottando contro la forte resistenza dell'acqua.

He swam with full strength, fighting the water's wild drag.

Si spostarono verso valle più velocemente di quanto riuscissero a raggiungere la riva.

They moved downstream faster than they could reach the shore.

Più avanti, il fiume ruggiva più forte, precipitando in rapide mortali.

Ahead, the river roared louder as it fell into deadly rapids.

Le rocce fendevano l'acqua come i denti di un enorme pettine.

Rocks sliced through the water like the teeth of a huge comb.

La forza di attrazione dell'acqua nei pressi del dislivello era selvaggia e ineluttabile.

The pull of the water near the drop was savage and inescapable.

Thornton sapeva che non sarebbero mai riusciti a raggiungere la riva in tempo.

Thornton knew they could never make the shore in time.

Raschiò una roccia, ne sbatté una seconda,

He scraped over one rock, smashed across a second,

Poi si schiantò contro una terza roccia, afferrandola con entrambe le mani.

And then he crashed into a third rock, grabbing it with both hands.

Lasciò andare Buck e urlò sopra il ruggito: "Vai, Buck! Vai!"

He let go of Buck and shouted over the roar, "Go, Buck! Go!"

Buck non riuscì a restare a galla e fu trascinato dalla corrente.

Buck could not stay afloat and was swept down by the current.

Lottò con tutte le sue forze, cercando di girarsi, ma non fece alcun progresso.

He fought hard, struggling to turn, but made no headway at all.

Poi sentì Thornton ripetere il comando sopra il fragore del fiume.

Then he heard Thornton repeat the command over the river's roar.

Buck si impennò fuori dall'acqua e sollevò la testa come per dare un'ultima occhiata.

Buck reared out of the water, raised his head as if for a last look.

poi si voltò e obbedì, nuotando verso la riva con risolutezza.

then turned and obeyed, swimming toward the bank with resolve.

Pete e Hans lo tirarono a riva all'ultimo momento possibile.

Pete and Hans pulled him ashore at the final possible moment.

Sapevano che Thornton avrebbe potuto aggrapparsi alla roccia solo per pochi minuti.

They knew Thornton could cling to the rock for only minutes more.

Corsero su per la riva fino a un punto molto più in alto rispetto al punto in cui lui era appeso.

They ran up the bank to a spot far above where he was hanging.

Legarono con cura la cima della barca al collo e alle spalle di Buck.

They tied the boat's line to Buck's neck and shoulders carefully.

La corda era stretta ma abbastanza larga da permettere di respirare e muoversi.

The rope was snug but loose enough for breathing and movement.

Poi lo gettarono di nuovo nel fiume impetuoso e mortale.

Then they launched him into the rushing, deadly river again.

Buck nuotò coraggiosamente ma non riuscì a prendere l'angolazione giusta per affrontare la forza della corrente.

Buck swam boldly but missed his angle into the stream's force.

Si accorse troppo tardi che stava per superare Thornton.

He saw too late that he was going to drift past Thornton.

Hans tirò forte la corda, come se Buck fosse una barca che si capovolge.

Hans jerked the rope tight, as if Buck were a capsizing boat.

La corrente lo trascinò sott'acqua e lui scomparve sotto la superficie.

The current pulled him under, and he vanished below the surface.

Il suo corpo colpì la riva prima che Hans e Pete lo tirassero fuori.

His body struck the bank before Hans and Pete pulled him out.

Era mezzo annegato e gli tolsero l'acqua dal corpo.

He was half-drowned, and they pounded the water out of him.

Buck si alzò, barcollò e crollò di nuovo a terra.

Buck stood, staggered, and collapsed again onto the ground.

Poi udirono la voce di Thornton portata debolmente dal vento.

Then they heard Thornton's voice faintly carried by the wind.

Sebbene le parole non fossero chiare, sapevano che era vicino alla morte.

Though the words were unclear, they knew he was near death.

Il suono della voce di Thornton colpì Buck come una scossa elettrica.

The sound of Thornton's voice hit Buck like an electric jolt.

Saltò in piedi e corse su per la riva, tornando al punto di partenza.

He jumped up and ran up the bank, returning to the launch point.

Legarono di nuovo la corda a Buck, e di nuovo lui entrò nel fiume.

Again they tied the rope to Buck, and again he entered the stream.

Questa volta nuotò direttamente e con decisione nell'acqua impetuosa.

This time, he swam directly and firmly into the rushing water.

Hans lasciò scorrere la corda con regolarità, mentre Pete impediva che si aggrovigliasse.

Hans let out the rope steadily while Pete kept it from tangling.

Buck nuotò con forza finché non si trovò allineato appena sopra Thornton.

Buck swam hard until he was lined up just above Thornton.

Poi si voltò e si lanciò verso di lui come un treno a tutta velocità.

Then he turned and charged down like a train in full speed.

Thornton lo vide arrivare, si preparò e gli abbracciò il collo.

Thornton saw him coming, braced, and locked arms around his neck.

Hans legò saldamente la corda attorno a un albero mentre entrambi venivano tirati sott'acqua.

Hans tied the rope fast around a tree as both were pulled under.

Caddero sott'acqua, schiantandosi contro rocce e detriti del fiume.

They tumbled underwater, smashing into rocks and river debris.

Un attimo prima Buck era in cima e un attimo dopo Thornton si alzava ansimando.

One moment Buck was on top, the next Thornton rose gasping.

Malconci e soffocati, si diressero verso la riva e si misero in salvo.

Battered and choking, they veered to the bank and safety.

Thornton riprese conoscenza mentre era sdraiato su un tronco alla deriva.

Thornton regained consciousness, lying across a drift log.

Hans e Pete lavorarono duramente per riportarlo a respirare e a vivere.

Hans and Pete worked him hard to bring back breath and life.

Il suo primo pensiero fu per Buck, che giaceva immobile e inerte.

His first thought was for Buck, who lay motionless and limp.

Nig ululò sul corpo di Buck e Skeet gli leccò delicatamente il viso.

Nig howled over Buck's body, and Skeet licked his face gently.

Thornton, dolorante e contuso, esaminò Buck con mano attenta.

Thornton, sore and bruised, examined Buck with careful hands.

Ha trovato tre costole rotte, ma il cane non presentava ferite mortali.

He found three ribs broken, but no deadly wounds in the dog.

"Questo è tutto", disse Thornton. "Ci accamperemo qui". E così fecero.

"That settles it," Thornton said. "We camp here." And they did.

Rimasero lì finché le costole di Buck non guarirono e lui poté di nuovo camminare.

They stayed until Buck's ribs healed and he could walk again.

Quell'inverno Buck compì un'impresa che accrebbe ulteriormente la sua fama.

That winter, Buck performed a feat that raised his fame further.

Fu un gesto meno eroico del salvataggio di Thornton, ma altrettanto impressionante.

It was less heroic than saving Thornton, but just as impressive.

A Dawson, i soci avevano bisogno di provviste per un viaggio lontano.

At Dawson, the partners needed supplies for a distant journey.

Volevano viaggiare verso est, in terre selvagge e incontaminate.

They wanted to travel East, into untouched wilderness lands.

Quel viaggio fu possibile grazie all'impresa compiuta da Buck nell'Eldorado Saloon.

Buck's deed in the Eldorado Saloon made that trip possible.

Tutto cominciò con degli uomini che si vantavano dei loro cani bevendo qualcosa.

It began with men bragging about their dogs over drinks.

La fama di Buck lo rese bersaglio di sfide e dubbi.

Buck's fame made him the target of challenges and doubt.

Thornton, fiero e calmo, rimase fermo nel difendere il nome di Buck.

Thornton, proud and calm, stood firm in defending Buck's name.

Un uomo ha affermato che il suo cane riusciva a trainare facilmente cinquecento libbre.

One man said his dog could pull five hundred pounds with ease.

Un altro disse seicento, e un terzo si vantò di settecento.

Another said six hundred, and a third bragged seven hundred.

"Pfft!" disse John Thornton, "Buck può trainare una slitta da mille libbre."

"Pfft!" said John Thornton, "Buck can pull a thousand pound sled."

Matthewson, un Bonanza King, si sporse in avanti e lo sfidò.

Matthewson, a Bonanza King, leaned forward and challenged him.

"Pensi che possa mettere in movimento tutto quel peso?"

"You think he can put that much weight into motion?"

"E pensi che riesca a sollevare il peso per cento metri?"

"And you think he can pull the weight a full hundred yards?"

Thornton rispose freddamente: "Sì. Buck è abbastanza cane da farlo."

Thornton replied coolly, "Yes. Buck is dog enough to do it."

"Metterà in moto mille libbre e la tirerà per cento metri."

"He'll put a thousand pounds into motion, and pull it a hundred yards."

Matthewson sorrise lentamente e si assicurò che tutti gli uomini udissero le sue parole.

Matthewson smiled slowly and made sure all men heard his words.

"Ho mille dollari che dicono che non può. Eccoli."

"I've got a thousand dollars that says he can't. There it is."

Sbatté sul bancone un sacco di polvere d'oro grande quanto una salsiccia.

He slammed a sack of gold dust the size of sausage on the bar.

Nessuno disse una parola. Il silenzio si fece pesante e teso intorno a loro.

Nobody said a word. The silence grew heavy and tense around them.

Il bluff di Thornton, se mai lo fu, era stato preso sul serio.

Thornton's bluff—if it was one—had been taken seriously.

Sentì il calore salirgli al viso mentre il sangue gli affluiva alle guance.

He felt heat rise in his face as blood rushed to his cheeks.

In quel momento la sua lingua aveva preceduto la ragione.

His tongue had gotten ahead of his reason in that moment.

Non sapeva davvero se Buck sarebbe riuscito a spostare mille libbre.

He truly didn't know if Buck could move a thousand pounds.

Mezza tonnellata! Solo la sua mole gli faceva sentire il cuore pesante.

Half a ton! The size of it alone made his heart feel heavy.

Aveva fiducia nella forza di Buck e lo riteneva capace.

He had faith in Buck's strength and had thought him capable.

Ma non aveva mai affrontato una sfida di questo tipo, non in questo modo.

But he had never faced this kind of challenge, not like this.

Una dozzina di uomini lo osservavano in silenzio, in attesa di vedere cosa avrebbe fatto.

A dozen men watched him quietly, waiting to see what he'd do.

Lui non aveva i soldi, e nemmeno Hans e Pete.

He didn't have the money—neither did Hans or Pete.

"Ho una slitta fuori", disse Matthewson in modo freddo e diretto.

"I've got a sled outside," said Matthewson coldly and direct.

"È carico di venti sacchi, da cinquanta libbre ciascuno, tutti di farina.

"It's loaded with twenty sacks, fifty pounds each, all flour.

Quindi non lasciare che la scomparsa della slitta diventi la tua scusa", ha aggiunto.

So don't let a missing sled be your excuse now," he added.

Thornton rimase in silenzio. Non sapeva che parole dire.

Thornton stood silent. He didn't know what words to offer.

Guardò i volti intorno a sé senza vederli chiaramente.

He looked around at the faces without seeing them clearly.

Sembrava un uomo immerso nei suoi pensieri, che cercava di ripartire.

He looked like a man frozen in thought, trying to restart.

Poi incontrò Jim O'Brien, un amico dei tempi dei Mastodon.

Then he saw Jim O'Brien, a friend from the Mastodon days.

Quel volto familiare gli diede un coraggio che non sapeva di avere.

That familiar face gave him courage he didn't know he had.

Si voltò e chiese a bassa voce: "Puoi prestarmi mille dollari?"

He turned and asked in a low voice, "Can you lend me a thousand?"

"Certo", disse O'Brien, lasciando cadere un pesante sacco vicino all'oro.

"Sure," said O'Brien, dropping a heavy sack by the gold already.

"Ma sinceramente, John, non credo che la bestia possa fare questo."

"But truthfully, John, I don't believe the beast can do this."

Tutti quelli presenti all'Eldorado Saloon si precipitarono fuori per assistere all'evento.

Everyone in the Eldorado Saloon rushed outside to see the event.

Lasciarono tavoli e bevande e perfino le partite furono sospese.

They left tables and drinks, and even the games were paused.

Croupier e giocatori accorsero per assistere alla conclusione di questa audace scommessa.

Dealers and gamblers came to witness the bold wager's end.

Centinaia di persone si radunarono attorno alla slitta sulla strada ghiacciata.

Hundreds gathered around the sled in the icy open street.

La slitta di Matthewson era carica di un carico completo di sacchi di farina.

Matthewson's sled stood with a full load of flour sacks.

La slitta era rimasta ferma per ore a temperature sotto lo zero.

The sled had been sitting for hours in minus temperatures.

I pattini della slitta erano congelati e incollati alla neve compatta.

The sled's runners were frozen tight to the packed-down snow.

Gli uomini scommettevano due a uno che Buck non sarebbe riuscito a spostare la slitta.

Men offered two-to-one odds that Buck could not move the sled.

Scoppiò una disputa su cosa significasse realmente "break out".

A dispute broke out about what "break out" really meant.

O'Brien ha affermato che Thornton dovrebbe allentare la base ghiacciata della slitta.

O'Brien said Thornton should loosen the sled's frozen base.

Buck potrebbe quindi "rompere" una partenza solida e immobile.

Buck could then "break out" from a solid, motionless start.

Matthewson sosteneva che anche il cane doveva liberare i corridori.

Matthewson argued the dog must break the runners free too.

Gli uomini che avevano sentito la scommessa concordavano con Matthewson.

The men who had heard the bet agreed with Matthewson's view.

Con questa sentenza, le probabilità contro Buck salirono a tre a uno.

With that ruling, the odds jumped to three-to-one against Buck.

Nessuno si fece avanti per accettare le crescenti quote di tre a uno.

No one stepped forward to take the growing three-to-one odds.

Nessuno credeva che Buck potesse compiere la grande impresa.

Not a single man believed Buck could perform the great feat.

Thornton era stato spinto a scommettere, pieno di dubbi.

Thornton had been rushed into the bet, heavy with doubts.

Ora guardava la slitta e la muta di dieci cani accanto ad essa.

Now he looked at the sled and the ten-dog team beside it.

Vedere la realtà del compito lo faceva sembrare ancora più impossibile.

Seeing the reality of the task made it seem more impossible.

In quel momento Matthewson era pieno di orgoglio e sicurezza.

Matthewson was full of pride and confidence in that moment.

"Tre a uno!" urlò. "Ne scommetto altri mille, Thornton!

"Three to one!" he shouted. "I'll bet another thousand, Thornton!

"Cosa dici?" aggiunse, abbastanza forte da farsi sentire da tutti.

What do you say?" he added, loud enough for all to hear.

Il volto di Thornton esprimeva i suoi dubbi, ma il suo spirito era sollevato.

Thornton's face showed his doubts, but his spirit had risen.

Quello spirito combattivo ignorava le avversità e non temeva nulla.

That fighting spirit ignored odds and feared nothing at all.

Chiamò Hans e Pete perché portassero tutti i loro soldi al tavolo.

He called Hans and Pete to bring all their cash to the table.

Non gli era rimasto molto altro: solo duecento dollari in tutto.

They had little left—only two hundred dollars combined.

Questa piccola somma costituiva la loro intera fortuna nei momenti difficili.

This small sum was their total fortune during hard times.

Ciononostante puntarono tutta la loro fortuna contro la scommessa di Matthewson.

Still, they laid all of the fortune down against Matthewson's bet.

La muta composta da dieci cani venne sganciata e allontanata dalla slitta.

The ten-dog team was unhitched and moved away from the sled.

Buck venne messo alle redini, indossando la sua consueta imbracatura.

Buck was placed in the reins, wearing his familiar harness.

Aveva colto l'energia della folla e ne aveva percepito la tensione.

He had caught the energy of the crowd and felt the tension.

In qualche modo sapeva che doveva fare qualcosa per John Thornton.

Somehow, he knew he had to do something for John Thornton.

La gente mormorava ammirata di fronte alla figura fiera del cane.

People murmured with admiration at the dog's proud figure.

Era magro e forte, senza un solo grammo di carne in più.

He was lean and strong, without a single extra ounce of flesh.

Il suo peso di centocinquanta libbre era sinonimo di potenza e resistenza.

His full weight of hundred fifty pounds was all power and endurance.

Il mantello di Buck brillava come la seta, denso di salute e forza.

Buck's coat gleamed like silk, thick with health and strength.

La pelliccia sul collo e sulle spalle sembrava sollevarsi e drizzarsi.

The fur along his neck and shoulders seemed to lift and bristle.

La sua criniera si muoveva leggermente, ogni capello era animato dalla sua grande energia.

His mane moved slightly, each hair alive with his great energy.

Il suo petto ampio e le sue gambe forti si sposavano bene con la sua corporatura pesante e robusta.

His broad chest and strong legs matched his heavy, tough frame.

I muscoli si tesero sotto il cappotto, tesi e sodi come ferro legato.

Muscles rippled under his coat, tight and firm as bound iron.

Gli uomini lo toccavano e giuravano che era fatto come una macchina d'acciaio.

Men touched him and swore he was built like a steel machine.

Le probabilità contro il grande cane sono scese leggermente a due a uno.

The odds dropped slightly to two to one against the great dog.

Un uomo dei banchi di Skookum si fece avanti balbettando.

A man from the Skookum Benches pushed forward, stuttering.

"Bene, signore! Offro ottocento per lui... prima della prova, signore!"

"Good, sir! I offer eight hundred for him—before the test, sir!"

"Ottocento, così com'è adesso!" insistette l'uomo.

"Eight hundred, as he stands right now!" the man insisted.

Thornton fece un passo avanti, sorrise e scosse la testa con calma.

Thornton stepped forward, smiled, and shook his head calmly.

Matthewson intervenne rapidamente con tono ammonitore e aggrottando la fronte.

Matthewson quickly stepped in with a warning voice and frown.

"Devi allontanarti da lui", disse. "Dagli spazio."

"You must step away from him," he said. "Give him space."

La folla tacque; solo i giocatori continuavano a offrire due a uno.

The crowd grew silent; only gamblers still offered two to one.

Tutti ammiravano la corporatura di Buck, ma il carico sembrava troppo pesante.

Everyone admired Buck's build, but the load looked too great.

Venti sacchi di farina, ciascuno del peso di cinquanta libbre, sembravano decisamente troppi.

Twenty sacks of flour—each fifty pounds in weight—seemed far too much.

Nessuno era disposto ad aprire la borsa e a rischiare i propri soldi.

No one was willing to open their pouch and risk their money.

Thornton si inginocchiò accanto a Buck e gli prese la testa tra entrambe le mani.

Thornton knelt beside Buck and took his head in both hands.

Premette la guancia contro quella di Buck e gli parlò all'orecchio.

He pressed his cheek against Buck's and spoke into his ear.

Non c'erano più né scossoni giocosi né insulti affettuosi sussurrati.

There was no playful shaking or whispered loving insults now.

Mormorò solo dolcemente: "Quanto mi ami, Buck."

He only murmured softly, "As much as you love me, Buck."

Buck emise un gemito sommesso, trattenendo a stento la sua impazienza.

Buck let out a quiet whine, his eagerness barely restrained.

Gli astanti osservavano con curiosità la tensione che aleggiava nell'aria.

The onlookers watched with curiosity as tension filled the air.

Quel momento sembrava quasi irreale, qualcosa che trascendeva la ragione.

The moment felt almost unreal, like something beyond reason.

Quando Thornton si alzò, Buck gli prese delicatamente la mano tra le fauci.

When Thornton stood, Buck gently took his hand in his jaws.

Premette con i denti, poi lasciò andare lentamente e delicatamente.

He pressed down with his teeth, then let go slowly and gently.

Fu una risposta silenziosa d'amore, non detta, ma compresa.

It was a silent answer of love, not spoken, but understood.

Thornton si allontanò di molto dal cane e diede il segnale.

Thornton stepped well back from the dog and gave the signal.

"Ora, Buck", disse, e Buck rispose con calma concentrata.

"Now, Buck," he said, and Buck responded with focused calm.

Buck tese le corde, poi le allentò di qualche centimetro.

Buck tightened the traces, then loosened them by a few inches.

Questo era il metodo che aveva imparato; il suo modo per rompere la slitta.

This was the method he had learned; his way to break the sled.

"Caspita!" urlò Thornton, con voce acuta nel silenzio pesante.

"Gee!" Thornton shouted, his voice sharp in the heavy silence.

Buck si girò verso destra e si lanciò con tutto il suo peso.

Buck turned to the right and lunged with all of his weight.

Il gioco svanì e tutta la massa di Buck colpì le timonerie strette.

The slack vanished, and Buck's full mass hit the tight traces.

La slitta tremò e i pattini produssero un suono secco e scoppiettante.

The sled trembled, and the runners made a crisp crackling sound.

"Haw!" ordinò Thornton, cambiando di nuovo direzione a Buck.

"Haw!" Thornton commanded, shifting Buck's direction again.

Buck ripeté la mossa, questa volta tirando bruscamente verso sinistra.

Buck repeated the move, this time pulling sharply to the left.

La slitta scricchiolava più forte, i pattini schioccavano e si spostavano.

The sled cracked louder, the runners snapping and shifting.

Il pesante carico scivolò leggermente di lato sulla neve ghiacciata.

The heavy load slid slightly sideways across the frozen snow.

La slitta si era liberata dalla presa del sentiero ghiacciato!

The sled had broken free from the grip of the icy trail!

Gli uomini trattennero il respiro, inconsapevoli di non stare nemmeno respirando.

Men held their breath, unaware they were not even breathing.

"Ora, TIRA!" gridò Thornton nel silenzio glaciale.

"Now, PULL!" Thornton cried out across the frozen silence.

Il comando di Thornton risuonò netto, come lo schiocco di una frusta.

Thornton's command rang out sharp, like the crack of a whip.

Buck si lanciò in avanti con un affondo violento e violento.

Buck hurled himself forward with a fierce and jarring lunge.

Tutto il suo corpo si irrigidì e si contrasse sotto l'enorme sforzo.

His whole frame tensed and bunched for the massive strain.

I muscoli si muovevano sotto la pelliccia come serpenti che prendevano vita.

Muscles rippled under his fur like serpents coming alive.

Il suo grande petto era basso e la testa era protesa in avanti verso la slitta.

His great chest was low, head stretched forward toward the sled.

Le sue zampe si muovevano come fulmini e gli artigli fendevano il terreno ghiacciato.

His paws moved like lightning, claws slicing the frozen ground.

I solchi erano profondi mentre lottava per ogni centimetro di trazione.

Grooves were cut deep as he fought for every inch of traction.

La slitta ondeggiò, tremò e cominciò a muoversi lentamente e in modo inquieto.

The sled rocked, trembled, and began a slow, uneasy motion.

Un piede scivolò e un uomo tra la folla gemette ad alta voce.

One foot slipped, and a man in the crowd groaned aloud.

Poi la slitta si lanciò in avanti con un movimento brusco e a scatti.

Then the sled lunged forward in a jerking, rough movement.

Non si fermò più: mezzo pollice...un pollice...cinque pollici in più.

It didn't stop again—half an inch...an inch...two inches more.

Gli scossoni si fecero più lievi man mano che la slitta cominciava ad acquistare velocità.

The jerks became smaller as the sled began to gather speed.

Presto Buck cominciò a tirare con una potenza fluida e uniforme.

Soon Buck was pulling with smooth, even, rolling power.

Gli uomini sussultarono e finalmente si ricordarono di respirare di nuovo.

Men gasped and finally remembered to breathe again.

Non si erano accorti che il loro respiro si era fermato per lo stupore.

They had not noticed their breath had stopped in awe.

Thornton gli corse dietro, gridando comandi brevi e allegri.

Thornton ran behind, calling out short, cheerful commands.

Davanti a noi c'era una catasta di legna da ardere che segnava la distanza.

Ahead was a stack of firewood that marked the distance.

Mentre Buck si avvicinava al mucchio, gli applausi diventavano sempre più forti.

As Buck neared the pile, the cheering grew louder and louder.

Gli applausi crebbero fino a diventare un boato quando Buck superò il traguardo.

The cheering swelled into a roar as Buck passed the end point.

Gli uomini saltarono e gridarono, perfino Matthewson sorrise.

Men jumped and shouted, even Matthewson broke into a grin.

I cappelli volavano in aria e i guanti venivano lanciati senza pensarci o mirare.

Hats flew into the air, mittens were tossed without thought or aim.

Gli uomini si afferrarono e si strinsero la mano senza sapere chi.

Men grabbed each other and shook hands without knowing who.

Tutta la folla era in delirio, in un tripudio di gioia e di entusiasmo.

The whole crowd buzzed in wild, joyful celebration.

Thornton cadde in ginocchio accanto a Buck con le mani tremanti.

Thornton dropped to his knees beside Buck with trembling hands.

Premette la testa contro quella di Buck e lo scosse delicatamente avanti e indietro.

He pressed his head to Buck's and shook him gently back and forth.

Chi si avvicinava lo sentiva maledire il cane con amore silenzioso.

Those who approached heard him curse the dog with quiet love.

Imprecò a lungo contro Buck, con dolcezza, calore, emozione.

He swore at Buck for a long time—softly, warmly, with emotion.

"Bene, signore! Bene, signore!" esclamò di corsa il re della panchina di Skookum.

"Good, sir! Good, sir!" cried the Skookum Bench king in a rush.

"Le darò mille, anzi milleduecento, per quel cane, signore!"

"I'll give you a thousand—no, twelve hundred—for that dog, sir!"

Thornton si alzò lentamente in piedi, con gli occhi brillanti di emozione.

Thornton rose slowly to his feet, his eyes shining with emotion.

Le lacrime gli rigavano le guance senza alcuna vergogna.

Tears streamed openly down his cheeks without any shame.

"Signore", disse al re della panchina di Skookum, con fermezza e fermezza

"Sir," he said to the Skookum Bench king, steady and firm

"No, signore. Può andare all'inferno, signore. Questa è la mia risposta definitiva."

"No, sir. You can go to hell, sir. That's my final answer."

Buck afferrò delicatamente la mano di Thornton tra le sue forti mascelle.

Buck grabbed Thornton's hand gently in his strong jaws.

Thornton lo scosse scherzosamente; il loro legame era più profondo che mai.

Thornton shook him playfully, their bond deep as ever.

La folla, commossa dal momento, fece un passo indietro in silenzio.

The crowd, moved by the moment, stepped back in silence.

Da quel momento in poi nessuno osò più interrompere un affetto così sacro.

From then on, none dared interrupt such sacred affection.

Il suono della chiamata
The Sound of the Call

Buck aveva guadagnato milleseicento dollari in cinque minuti.

Buck had earned sixteen hundred dollars in five minutes.

Il denaro permise a John Thornton di saldare alcuni dei suoi debiti.

The money let John Thornton pay off some of his debts.

Con il resto del denaro si diresse verso est insieme ai suoi soci.

With the rest of the money he headed East with his partners.

Cercarono una leggendaria miniera perduta, antica quanto il paese stesso.

They sought a fabled lost mine, as old as the country itself.

Molti uomini avevano cercato la miniera, ma pochi l'avevano trovata.

Many men had looked for the mine, but few had ever found it.

Molti uomini erano scomparsi durante la pericolosa ricerca.

More than a few men had vanished during the dangerous quest.

Questa miniera perduta era avvolta nel mistero e nella vecchia tragedia.

This lost mine was wrapped in both mystery and old tragedy.

Nessuno sapeva chi fosse stato il primo uomo a scoprire la miniera.

No one knew who the first man to find the mine had been.

Le storie più antiche non menzionano nessuno per nome.

The oldest stories don't mention anyone by name.

Lì c'era sempre stata una vecchia capanna fatiscente.

There had always been an ancient ramshackle cabin there.

I moribondi avevano giurato che vicino a quella vecchia capanna ci fosse una miniera.

Dying men had sworn there was a mine next to that old cabin.

Hanno dimostrato le loro storie con un oro che non ha eguali altrove.

They proved their stories with gold like none found elsewhere.

Nessuna anima viva aveva mai saccheggiato il tesoro da quel luogo.

No living soul had ever looted the treasure from that place.

I morti erano morti e i morti non raccontano storie.

The dead were dead, and dead men tell no tales.

Così Thornton e i suoi amici si diressero verso Est.

So Thornton and his friends headed into the East.

Si unirono a noi Pete e Hans, portando con sé Buck e sei cani robusti.

Pete and Hans joined, bringing Buck and six strong dogs.

Si avviarono lungo un sentiero sconosciuto dove altri avevano fallito.

They set off down an unknown trail where others had failed.

Percorsero in slitta settanta miglia lungo il fiume Yukon ghiacciato.

They sledded seventy miles up the frozen Yukon River.

Girarono a sinistra e seguirono il sentiero verso lo Stewart.

They turned left and followed the trail into the Stewart.

Superarono il Mayo e il McQuestion e proseguirono oltre.

They passed the Mayo and McQuestion, pressing farther on.

Lo Stewart si restringeva fino a diventare un ruscello, infilandosi tra cime frastagliate.

The Stewart shrank into a stream, threading jagged peaks.

Queste vette aguzze rappresentavano la spina dorsale del continente.

These sharp peaks marked the very spine of the continent.

John Thornton pretendeva poco dagli uomini e dalla terra selvaggia.

John Thornton demanded little from men or the wild land.

Non temeva nulla della natura e affrontava la natura selvaggia con disinvoltura.

He feared nothing in nature and faced the wild with ease.

Con solo del sale e un fucile poteva viaggiare dove voleva.

With only salt and a rifle, he could travel where he wished.

Come gli indigeni, durante il viaggio cacciava per procurarsi il cibo.

Like the natives, he hunted food while he journeyed along.

Se non prendeva nulla, continuava ad andare avanti, confidando nella fortuna che lo attendeva.

If he caught nothing, he kept going, trusting luck ahead.

Durante questo lungo viaggio, la carne era l'alimento principale di cui si nutrivano.

On this long journey, meat was the main thing they ate.

La slitta trasportava attrezzi e munizioni, ma non c'era un orario preciso.

The sled held tools and ammo, but no strict timetable.

Buck amava questo vagabondare, la caccia e la pesca senza fine.

Buck loved this wandering; the endless hunt and fishing.

Per settimane viaggiarono senza sosta, giorno dopo giorno.

For weeks they were traveling day after steady day.

Altre volte si accampavano e restavano fermi per settimane.

Other times they made camps and stayed still for weeks.

I cani riposarono mentre gli uomini scavavano nel terreno ghiacciato.

The dogs rested while the men dug through frozen dirt.

Scaldavano le padelle sul fuoco e cercavano l'oro nascosto.

They warmed pans over fires and searched for hidden gold.

C'erano giorni in cui pativano la fame, altri in cui banchettavano.

Some days they starved, and some days they had feasts.

Il loro pasto dipendeva dalla selvaggina e dalla fortuna della caccia.

Their meals depended on the game and the luck of the hunt.

Con l'arrivo dell'estate, uomini e cani caricavano carichi sulle spalle.

When summer came, men and dogs packed loads on their backs.

Fecero rafting sui laghi azzurri nascosti nelle foreste di montagna.

They rafted across blue lakes hidden in mountain forests.

Navigavano su imbarcazioni sottili su fiumi che nessun uomo aveva mai mappato.

They sailed slim boats on rivers no man had ever mapped.

Quelle barche venivano costruite con gli alberi che avevano segato in natura.

Those boats were built from trees they sawed in the wild.

Passarono i mesi e loro viaggiarono attraverso terre selvagge e sconosciute.

The months passed, and they twisted through the wild unknown lands.

Non c'erano uomini lì, ma vecchie tracce lasciavano intendere che alcuni di loro fossero presenti.

There were no men there, yet old traces hinted that men had been.

Se la Capanna Perduta fosse esistita davvero, allora altre persone in passato erano passate da lì.

If the Lost Cabin was real, then others had once come this way.

Attraversavano passi alti durante le bufere di neve, anche d'estate.

They crossed high passes in blizzards, even during the summer.

Rabbrividivano sotto il sole di mezzanotte sui pendii brulli delle montagne.

They shivered under the midnight sun on bare mountain slopes.

Tra il limite degli alberi e i campi di neve, salivano lentamente.

Between the treeline and the snowfields, they climbed slowly.

Nelle valli calde, scacciavano nuvole di moscerini e mosche.

In warm valleys, they swatted at clouds of gnats and flies.

Raccolsero bacche dolci vicino ai ghiacciai nel pieno della fioritura estiva.

They picked sweet berries near glaciers in full summer bloom.

I fiori che trovarono erano belli quanto quelli del Southland.

The flowers they found were as lovely as those in the Southland.

Quell'autunno giunsero in una regione solitaria piena di laghi silenziosi.

That fall they reached a lonely region filled with silent lakes.

La terra era triste e vuota, un tempo brulicava di uccelli e animali.

The land was sad and empty, once alive with birds and beasts.

Ora non c'era più vita, solo il vento e il ghiaccio che si formava nelle pozze.

Now there was no life, just the wind and ice forming in pools.

Le onde lambivano le rive deserte con un suono dolce e lugubre.

Waves lapped against empty shores with a soft, mournful sound.

Arrivò un altro inverno e loro seguirono di nuovo deboli e vecchi sentieri.

Another winter came, and they followed faint, old trails again.

Erano le tracce di uomini che avevano cercato molto prima di loro.

These were the trails of men who had searched long before them.

Una volta trovarono un sentiero che si inoltrava nel profondo della foresta oscura.

Once they found a path cut deep into the dark forest.

Era un vecchio sentiero e sentivano che la baita perduta era vicina.

It was an old trail, and they felt the lost cabin was close.

Ma il sentiero non portava da nessuna parte e si perdeva nel fitto del bosco.

But the trail led nowhere and faded into the thick woods.

Nessuno sapeva chi avesse tracciato il sentiero e perché lo avesse fatto.

Whoever made the trail, and why they made it, no one knew.

Più tardi trovarono i resti di una capanna nascosta tra gli alberi.

Later, they found the wreck of a lodge hidden among the trees.

Coperte marce erano sparse dove un tempo qualcuno aveva dormito.

Rotting blankets lay scattered where someone once had slept.

John Thornton trovò sepolto all'interno un fucile a pietra focaia a canna lunga.

John Thornton found a long-barreled flintlock buried inside.

Sapeva fin dai primi tempi che si trattava di un cannone della Hudson Bay.

He knew this was a Hudson Bay gun from early trading days.

A quei tempi, tali armi venivano barattate con pile di pelli di castoro.

In those days such guns were traded for stacks of beaver skins.

Questo era tutto: non rimaneva alcuna traccia dell'uomo che aveva costruito la loggia.

That was all—no clue remained of the man who built the lodge.

Arrivò di nuovo la primavera e non trovarono traccia della Capanna Perduta.

Spring came again, and they found no sign of the Lost Cabin.

Invece trovarono un'ampia valle con un ruscello poco profondo.

Instead they found a broad valley with a shallow stream.

L'oro si stendeva sul fondo della pentola come burro giallo e liscio.

Gold lay across the pan bottoms like smooth, yellow butter.

Si fermarono lì e non cercarono oltre la cabina.

They stopped there and searched no farther for the cabin.

Ogni giorno lavoravano e ne trovavano migliaia di pezzi in polvere d'oro.

Each day they worked and found thousands in gold dust.

Confezionarono l'oro in sacchi di pelle di alce, da cinquanta libbre ciascuno.

They packed the gold in bags of moose-hide, fifty pounds each.

I sacchi erano accatastati come legna da ardere fuori dal loro piccolo rifugio.

The bags were stacked like firewood outside their small lodge.

Lavoravano come giganti e i giorni trascorrevano veloci come sogni.

They worked like giants, and the days passed like quick dreams.

Accumularono tesori mentre gli infiniti giorni trascorrevano rapidamente.

They heaped up treasure as the endless days rolled swiftly by.

I cani avevano ben poco da fare, se non trasportare la carne di tanto in tanto.

There was little for the dogs to do except haul meat now and then.

Thornton cacciò e uccise la selvaggina, mentre Buck si sdraiò accanto al fuoco.

Thornton hunted and killed the game, and Buck lay by the fire.

Trascorse lunghe ore in silenzio, perso nei pensieri e nei ricordi.

He spent long hours in silence, lost in thought and memory.

L'immagine dell'uomo peloso tornava sempre più spesso alla mente di Buck.

The image of the hairy man came more often into Buck's mind.

Ora che il lavoro scarseggiava, Buck sognava mentre sbatteva le palpebre verso il fuoco.

Now that work was scarce, Buck dreamed while blinking at the fire.

In quei sogni, Buck vagava con l'uomo in un altro mondo.

In those dreams, Buck wandered with the man in another world.

La paura sembrava il sentimento più forte in quel mondo lontano.

Fear seemed the strongest feeling in that distant world.

Buck vide l'uomo peloso dormire con la testa bassa.

Buck saw the hairy man sleep with his head bowed low.

Aveva le mani giunte e il suo sonno era agitato e interrotto.

His hands were clasped, and his sleep was restless and broken.

Si svegliava di soprassalto e fissava il buio con timore.

He used to wake with a start and stare fearfully into the dark.

Poi aggiungeva altra legna al fuoco per mantenere viva la fiamma.

Then he'd toss more wood onto the fire to keep the flame bright.

A volte camminavano lungo una spiaggia in riva a un mare grigio e infinito.

Sometimes they walked along a beach by a gray, endless sea.

L'uomo peloso raccolse i frutti di mare e li mangiò mentre camminava.

The hairy man picked shellfish and ate them as he walked.

I suoi occhi cercavano sempre pericoli nascosti nell'ombra.

His eyes searched always for hidden dangers in the shadows.

Le sue gambe erano sempre pronte a scattare al primo segno di minaccia.

His legs were always ready to sprint at the first sign of threat.

Avanzavano furtivamente nella foresta, silenziosi e cauti, uno accanto all'altro.

They crept through the forest, silent and wary, side by side.

Buck lo seguì alle calcagna, ed entrambi rimasero all'erta.

Buck followed at his heels, and both of them stayed alert.

Le loro orecchie si muovevano e si contraevano, i loro nasi fiutavano l'aria.

Their ears twitched and moved, their noses sniffed the air.

L'uomo riusciva a sentire e ad annusare la foresta in modo altrettanto acuto quanto Buck.

The man could hear and smell the forest as sharply as Buck.

L'uomo peloso si lanciò tra gli alberi a velocità improvvisa.

The hairy man swung through the trees with sudden speed.

Saltava da un ramo all'altro senza mai perdere la presa.

He leapt from branch to branch, never missing his grip.

Si muoveva con la stessa rapidità con cui si muoveva sopra e sopra il terreno.

He moved as fast above the ground as he did upon it.

Buck ricordava le lunghe notti passate sotto gli alberi a fare la guardia.

Buck remembered long nights beneath the trees, keeping watch.

L'uomo dormiva appollaiato sui rami, aggrappandosi forte.

The man slept roosting in the branches, clinging tight.

Questa visione dell'uomo peloso era strettamente legata al richiamo profondo.

This vision of the hairy man was tied closely to the deep call.

Il richiamo risuonava ancora nella foresta con una forza inquietante.

The call still sounded through the forest with haunting force.

La chiamata riempì Buck di desiderio e di un inquieto senso di gioia.

The call filled Buck with longing and a restless sense of joy.

Sentì strani impulsi e stimoli a cui non riusciva a dare un nome.

He felt strange urges and stirrings that he could not name.

A volte seguiva la chiamata inoltrandosi nel silenzio dei boschi.

Sometimes he followed the call deep into the quiet woods.

Cercava il richiamo, abbaiando piano o bruscamente mentre camminava.

He searched for the calling, barking softly or sharply as he went.

Annusò il muschio e il terreno nero dove cresceva l'erba.

He sniffed the moss and black soil where the grasses grew.

Sbuffò di piacere sentendo i ricchi odori della terra profonda.

He snorted with delight at the rich smells of the deep earth.

Rimase accovacciato per ore dietro i tronchi ricoperti di funghi.

He crouched for hours behind trunks covered in fungus.

Rimase immobile, ascoltando con gli occhi sgranati ogni minimo rumore.

He stayed still, listening wide-eyed to every tiny sound.

Forse sperava di sorprendere la cosa che aveva emesso la chiamata.

He may have hoped to surprise the thing that gave the call.

Non sapeva perché si comportava in quel modo: lo faceva e basta.

He did not know why he acted this way—he simply did.

Questi impulsi provenivano dal profondo, al di là del pensiero o della ragione.

The urges came from deep within, beyond thought or reason.

Buck fu colto da impulsi irresistibili, senza preavviso o motivo.

Irresistible urges took hold of Buck without warning or reason.

A volte sonnecchiava pigramente nell'accampamento, sotto il caldo di mezzogiorno.

At times he was dozing lazily in camp under the midday heat.

All'improvviso sollevò la testa e le sue orecchie si drizzarono in allerta.

Suddenly, his head lifted and his ears shoot up alert.

Poi balzò in piedi e si lanciò nella natura selvaggia senza fermarsi.

Then he sprang up and dash into the wild without pause.

Corse per ore attraverso sentieri forestali e spazi aperti.

He ran for hours through forest paths and open spaces.

Amava seguire i letti asciutti dei torrenti e spiare gli uccelli sugli alberi.

He loved to follow dry creek beds and spy on birds in the trees.

Poteva restare nascosto tutto il giorno, osservando le pernici che si pavoneggiavano in giro.

He could lie hidden all day, watching partridges strut around.

Suonavano i tamburi e marciavano, ignari della presenza immobile di Buck.

They drummed and marched, unaware of Buck's still presence.

Ma ciò che amava di più era correre al crepuscolo estivo.

But what he loved most was running at twilight in summer.

La luce fioca e i suoni assonnati della foresta lo riempivano di gioia.

The dim light and sleepy forest sounds filled him with joy.

Leggeva i cartelli della foresta con la stessa chiarezza con cui un uomo legge un libro.

He read the forest signs as clearly as a man reads a book.

E cercava sempre la strana cosa che lo chiamava.

And he searched always for the strange thing that called him.

Quella chiamata non si è mai fermata: lo raggiungeva sia da sveglio che nel sonno.

That calling never stopped—it reached him waking or sleeping.

Una notte si svegliò di soprassalto, con gli occhi acuti e le orecchie tese.

One night, he woke with a start, eyes sharp and ears high.

Le sue narici si contrassero mentre la sua criniera si rizzava in onde.

His nostrils twitched as his mane stood bristling in waves.

Dal profondo della foresta giunse di nuovo quel suono, il vecchio richiamo.

From deep in the forest came the sound again, the old call.

Questa volta il suono risuonò chiaro, un ululato lungo, inquietante e familiare.

This time the sound rang clearly, a long, haunting, familiar howl.

Era come il verso di un husky, ma dal tono strano e selvaggio.

It was like a husky's cry, but strange and wild in tone.

Buck riconobbe subito quel suono: lo aveva già sentito molto tempo prima.

Buck knew the sound at once—he had heard the exact sound long ago.

Attraversò con un balzo l'accampamento e scomparve rapidamente nel bosco.

He leapt through camp and vanished swiftly into the woods.

Avvicinandosi al suono, rallentò e si mosse con cautela.

As he neared the sound, he slowed and moved with care.

Presto raggiunse una radura tra fitti pini.

Soon he reached a clearing between thick pine trees.

Lì, ritto sulle zampe posteriori, sedeva un lupo grigio alto e magro.

There, upright on its haunches, sat a tall, lean timber wolf.

Il naso del lupo puntava verso il cielo, continuando a riecheggiare il richiamo.

The wolf's nose pointed skyward, still echoing the call.

Buck non aveva emesso alcun suono, eppure il lupo si fermò e ascoltò.

Buck had made no sound, yet the wolf stopped and listened.

Percependo qualcosa, il lupo si irrigidì e scrutò l'oscurità.

Sensing something, the wolf tensed, searching the darkness.

Buck si fece avanti furtivamente, con il corpo basso e i piedi ben appoggiati al terreno.

Buck crept into view, body low, feet quiet on the ground.

La sua coda era dritta e il suo corpo era teso e teso.

His tail was straight, his body coiled tight with tension.

Manifestava sia un atteggiamento minaccioso che una sorta di rude amicizia.

He showed both threat and a kind of rough friendship.

Era il saluto cauto tipico delle bestie selvatiche.

It was the wary greeting shared by beasts of the wild.

Ma il lupo si voltò e fuggì non appena vide Buck.

But the wolf turned and fled as soon as it saw Buck.

Buck si lanciò all'inseguimento, saltando selvaggiamente, desideroso di raggiungerlo.

Buck gave chase, leaping wildly, eager to overtake it.

Seguì il lupo in un ruscello secco bloccato da un ingorgo di tronchi.

He followed the wolf into a dry creek blocked by a timber jam.

Messo alle strette, il lupo si voltò e rimase fermo.

Cornered, the wolf spun around and stood its ground.

Il lupo ringhiò e schioccò i denti come un husky intrappolato in una rissa.

The wolf snarled and snapped like a trapped husky dog in a fight.

I denti del lupo schioccarono rapidamente e il suo corpo si irrigidì per la furia selvaggia.

The wolf's teeth clicked fast, its body bristling with wild fury.

Buck non attaccò, ma girò intorno al lupo con attenta cordialità.

Buck did not attack but circled the wolf with careful friendliness.

Cercò di bloccargli la fuga con movimenti lenti e innocui.

He tried to block his escape by slow, harmless movements.

Il lupo era cauto e spaventato: Buck lo superava di peso tre volte.

The wolf was wary and scared—Buck outweighed him three times.

La testa del lupo arrivava a malapena all'altezza della spalla massiccia di Buck.

The wolf's head barely reached up to Buck's massive shoulder.

Il lupo, attento a individuare un varco, si lanciò e l'inseguimento ricominciò.

Watching for a gap, the wolf bolted and the chase began again.

Buck lo mise alle strette più volte e la danza si ripeté.

Several times Buck cornered him, and the dance repeated.

Il lupo era magro e debole, altrimenti Buck non avrebbe potuto catturarlo.

The wolf was thin and weak, or Buck could not have caught him.

Ogni volta che Buck si avvicinava, il lupo si girava di scatto e lo affrontava spaventato.

Each time Buck drew near, the wolf spun and faced him in fear.

Poi, alla prima occasione, si precipitò di nuovo nel bosco.

Then at the first chance, he dashed off into the woods once more.

Ma Buck non si arrese e alla fine il lupo imparò a fidarsi di lui.

But Buck did not give up, and finally the wolf came to trust him.

Annusò il naso di Buck e i due diventarono giocosi e attenti.

He sniffed Buck's nose, and the two grew playful and alert.

Giocavano come animali selvaggi, feroci ma timidi nella loro gioia.

They played like wild animals, fierce yet shy in their joy.

Dopo un po' il lupo trotterellò via con calma e decisione.

After a while, the wolf trotted off with calm purpose.

Dimostrò chiaramente a Buck che intendeva essere seguito.

He clearly showed Buck that he meant to be followed.

Correvano fianco a fianco nel buio della sera.

They ran side by side through the twilight gloom.

Seguirono il letto del torrente fino alla gola rocciosa.

They followed the creek bed up into the rocky gorge.

Attraversarono un freddo spartiacque nel punto in cui aveva avuto origine il fiume.

They crossed a cold divide where the stream had begun.

Sul pendio più lontano trovarono un'ampia foresta e molti corsi d'acqua.

On the far slope they found wide forest and many streams.

Corsero per ore senza fermarsi attraverso quella terra immensa.

Through this vast land, they ran for hours without stopping.

Il sole saliva sempre più alto, l'aria si faceva calda, ma loro continuavano a correre.

The sun rose higher, the air grew warm, but they ran on.

Buck era pieno di gioia: sapeva di aver risposto alla sua chiamata.

Buck was filled with joy—he knew he was answering his calling.

Corse accanto al fratello della foresta, più vicino alla fonte della chiamata.

He ran beside his forest brother, closer to the call's source.

I vecchi sentimenti ritornano, potenti e difficili da ignorare.

Old feelings returned, powerful and hard to ignore.

Queste erano le verità nascoste nei ricordi dei suoi sogni.

These were the truths behind the memories from his dreams.

Tutto questo lo aveva già fatto in un mondo lontano e oscuro.

He had done all this before in a distant and shadowy world.

Questa volta lo fece di nuovo, scatenandosi con il cielo aperto sopra di lui.

Now he did this again, running wild with the open sky above.

Si fermarono presso un ruscello per bere l'acqua fredda che scorreva.

They stopped at a stream to drink from the cold flowing water.

Mentre beveva, Buck si ricordò improvvisamente di John Thornton.

As he drank, Buck suddenly remembered John Thornton.

Si sedette in silenzio, lacerato dal sentimento di lealtà e dalla chiamata.

He sat down in silence, torn by the pull of loyalty and the calling.

Il lupo continuò a trottare, ma tornò indietro per incitare Buck ad andare avanti.

The wolf trotted on, but came back to urge Buck forward.

Gli annusò il naso e cercò di convincerlo con gesti gentili.

He sniffed his nose and tried to coax him with soft gestures.

Ma Buck si voltò e riprese a tornare indietro per la strada da cui era venuto.

But Buck turned around and started back the way he came.

Il lupo gli corse accanto per molto tempo, guaindo piano.

The wolf ran beside him for a long time, whining quietly.

Poi si sedette, alzò il naso ed emise un lungo ululato.

Then he sat down, raised his nose, and let out a long howl.

Era un grido lugubre, che si addolcì mentre Buck si allontanava.

It was a mournful cry, softening as Buck walked away.

Buck ascoltò mentre il suono del grido svaniva lentamente nel silenzio della foresta.

Buck listened as the sound of the cry faded slowly into the forest silence.

John Thornton stava cenando quando Buck irruppe nell'accampamento.

John Thornton was eating dinner when Buck burst into the camp.

Buck gli saltò addosso selvaggiamente, leccandolo, mordendolo e facendolo rotolare.

Buck leapt upon him wildly, licking, biting, and tumbling him.

Lo fece cadere, gli saltò sopra e gli baciò il viso.

He knocked him over, scrambled on top, and kissed his face.

Thornton lo definì con affetto "fare il buffone".

Thornton called this "playing the general tom-fool" with affection.

Nel frattempo, imprecava dolcemente contro Buck e lo scuoteva avanti e indietro.

All the while, he cursed Buck gently and shook him back and forth.

Per due interi giorni e due notti, Buck non lasciò l'accampamento nemmeno una volta.

For two whole days and nights, Buck never left the camp once.

Si teneva vicino a Thornton e non lo perdeva mai di vista.

He kept close to Thornton and never let him out of his sight.

Lo seguiva mentre lavorava e lo osservava mentre mangiava.

He followed him as he worked and watched him while he ate.

Di notte vedeva Thornton avvolto nelle sue coperte e ogni mattina lo vedeva uscire.

He saw Thornton into his blankets at night and out each morning.

Ma presto il richiamo della foresta ritornò, più forte che mai.

But soon the forest call returned, louder than ever before.

Buck si sentì di nuovo irrequieto, agitato dal pensiero del lupo selvatico.

Buck grew restless again, stirred by thoughts of the wild wolf.

Ricordava la terra aperta e le corse fianco a fianco.

He remembered the open land and running side by side.

Ricominciò a vagare nella foresta, solo e vigile.

He began wandering into the forest once more, alone and alert.

Ma il fratello selvaggio non tornò e l'ululato non fu udito.

But the wild brother did not return, and the howl was not heard.

Buck cominciò a dormire all'aperto, restando lontano anche per giorni interi.

Buck started sleeping outside, staying away for days at a time.

Una volta attraversò l'alto spartiacque dove aveva origine il torrente.

Once he crossed the high divide where the creek had begun.

Entrò nella terra degli alberi scuri e dei grandi corsi d'acqua.

He entered the land of dark timber and wide flowing streams.

Vagò per una settimana alla ricerca di tracce del fratello selvaggio.

For a week he roamed, searching for signs of the wild brother.

Uccideva la propria carne e viaggiava a passi lunghi e instancabili.

He killed his own meat and travelled with long, tireless strides.

Pescò salmoni in un ampio fiume che arrivava fino al mare.

He fished for salmon in a wide river that reached the sea.

Lì lottò e uccise un orso nero reso pazzo dagli insetti.

There, he fought and killed a black bear maddened by bugs.

L'orso stava pescando e corse alla cieca tra gli alberi.

The bear had been fishing and ran blindly through the trees.

La battaglia fu feroce e risvegliò il profondo spirito combattivo di Buck.

The battle was a fierce one, waking Buck's deep fighting spirit up.

Due giorni dopo, Buck tornò e trovò dei ghiottoni nei pressi della sua preda.

Two days later, Buck returned to find wolverines at his kill.

Una dozzina di loro litigarono furiosamente e rumorosamente per la carne.

A dozen of them quarreled over the meat in noisy fury.

Buck caricò e li disperse come foglie al vento.

Buck charged and scattered them like leaves in the wind.

Due lupi rimasero indietro: silenziosi, senza vita e immobili per sempre.

Two wolves remained behind—silent, lifeless, and unmoving forever.

La sete di sangue divenne più forte che mai.

The thirst for blood grew stronger than ever.

Buck era un cacciatore, un assassino, che si nutriva di creature viventi.

Buck was a hunter, a killer, feeding off living creatures.

Sopravvisse da solo, affidandosi alla sua forza e ai suoi sensi acuti.

He survived alone, relying on his strength and sharp senses.

Prosperava nella natura selvaggia, dove solo i più forti potevano sopravvivere.

He thrived in the wild, where only the toughest could live.

Da ciò nacque un grande orgoglio che riempì tutto l'essere di Buck.

From this, a great pride rose up and filled Buck's whole being.

Il suo orgoglio traspariva da ogni passo, dal fremito di ogni muscolo.

His pride showed in his every step, in the ripple of every muscle.

Il suo orgoglio era evidente, come si vedeva dal suo comportamento.

His pride was as clear as speech, seen in how he carried himself.

Persino il suo spesso mantello appariva più maestoso e splendeva di più.

Even his thick coat looked more majestic and gleamed brighter.

Buck avrebbe potuto essere scambiato per un lupo grigio gigante.

Buck could have been mistaken for a giant timber wolf.

A parte il marrone sul muso e le macchie sopra gli occhi.

Except for brown on his muzzle and spots above his eyes.

E la striscia bianca di pelo che gli correva lungo il centro del petto.

And the white streak of fur that ran down the middle of his chest.

Era addirittura più grande del più grande lupo di quella feroce razza.

He was even larger than the biggest wolf of that fierce breed.

Suo padre, un San Bernardo, gli ha trasmesso la stazza e la corporatura robusta.

His father, a St. Bernard, gave him size and heavy frame.

Sua madre, una pastorella, plasmò quella mole conferendole la forma di un lupo.

His mother, a shepherd, shaped that bulk into wolf-like form.

Aveva il muso lungo di un lupo, anche se più pesante e largo.

He had the long muzzle of a wolf, though heavier and broader.

La sua testa era quella di un lupo, ma di dimensioni enormi e maestose.

His head was a wolf's, but built on a massive, majestic scale.

L'astuzia di Buck era l'astuzia del lupo e della natura selvaggia.

Buck's cunning was the cunning of the wolf and of the wild.

La sua intelligenza gli venne sia dal Pastore Tedesco che dal San Bernardo.

His intelligence came from both the German Shepherd and St. Bernard.

Tutto ciò, unito alla dura esperienza, lo rese una creatura temibile.

All this, plus harsh experience, made him a fearsome creature.

Era formidabile quanto qualsiasi animale che vagasse nelle terre selvagge del nord.

He was as formidable as any beast that roamed the northern wild.

Nutrendosi solo di carne, Buck raggiunse l'apice della sua forza.

Living only on meat, Buck reached the full peak of his strength.

Trasudava potenza e forza maschile in ogni fibra del suo corpo.

He overflowed with power and male force in every fiber of him.

Quando Thornton gli accarezzò la schiena, i peli brillarono di energia.

When Thornton stroked his back, the hairs sparked with energy.

Ogni capello scricchiolava, carico del tocco di un magnetismo vivente.

Each hair crackled, charged with the touch of living magnetism.

Il suo corpo e il suo cervello erano sintonizzati sulla tonalità più fine possibile.

His body and brain were tuned to the finest possible pitch.

Ogni nervo, ogni fibra e ogni muscolo lavoravano in perfetta armonia.

Every nerve, fiber, and muscle worked in perfect harmony.

A qualsiasi suono o visione che richiedesse un intervento, rispondeva immediatamente.

To any sound or sight needing action, he responded instantly.

Se un husky saltava per attaccare, Buck poteva saltare due volte più velocemente.

If a husky leaped to attack, Buck could leap twice as fast.

Reagì più rapidamente di quanto gli altri potessero vedere o sentire.

He reacted quicker than others could even see or hear.

Percezione, decisione e azione avvennero tutte in un unico, fluido istante.

Perception, decision, and action all came in one fluid moment.

In realtà si tratta di atti separati, ma troppo rapidi per essere notati.

In truth, these acts were separate, but too fast to notice.

Gli intervalli tra questi atti erano così brevi che sembravano uno solo.

So brief were the gaps between these acts, they seemed as one.

I suoi muscoli e il suo essere erano come molle strettamente avvolte.

His muscles and being was like tightly coiled springs.

Il suo corpo traboccava di vita, selvaggia e gioiosa nella sua potenza.

His body surged with life, wild and joyful in its power.

A volte aveva la sensazione che la forza stesse per esplodere completamente dentro di lui.

At times he felt like the force was going to burst out of him entirely.

"Non c'è mai stato un cane simile", disse Thornton un giorno tranquillo.

"Never was there such a dog," Thornton said one quiet day.

I soci osservarono Buck uscire fiero dall'accampamento.

The partners watched Buck striding proudly from the camp.

"Quando è stato creato, ha cambiato il modo in cui un cane può essere", ha detto Pete.

"When he was made, he changed what a dog can be," said Pete.

"Per Dio! Lo penso anch'io", concordò subito Hans.

"By Jesus! I think so myself," Hans quickly agreed.

Lo videro allontanarsi, ma non il cambiamento che avvenne dopo.

They saw him march off, but not the change that came after.

Non appena entrò nel bosco, Buck si trasformò completamente.

As soon as he entered the woods, Buck transformed completely.

Non marciava più, ma si muoveva come uno spettro selvaggio tra gli alberi.

He no longer marched, but moved like a wild ghost among trees.

Divenne silenzioso, come un gatto, un bagliore che attraversava le ombre.

He became silent, cat-footed, a flicker passing through shadows.

Usava la copertura con abilità, strisciando sulla pancia come un serpente.

He used cover with skill, crawling on his belly like a snake.

E come un serpente, sapeva balzare in avanti e colpire in silenzio.

And like a snake, he could leap forward and strike in silence.

Potrebbe rubare una pernice bianca direttamente dal suo nido nascosto.

He could steal a ptarmigan straight from its hidden nest.

Uccideva i conigli addormentati senza emettere alcun suono.

He killed sleeping rabbits without a single sound.

Riusciva a catturare gli scoiattoli a mezz'aria anche se fuggivano troppo lentamente.

He could catch chipmunks midair as they fled too slowly.

Nemmeno i pesci nelle pozze riuscivano a sfuggire ai suoi attacchi improvvisi.

Even fish in pools could not escape his sudden strikes.

Nemmeno i furbi castori impegnati a riparare le dighe erano al sicuro da lui.

Not even clever beavers fixing dams were safe from him.

Uccideva per nutrirsi, non per divertirsi, ma preferiva uccidere le proprie vittime.

He killed for food, not for fun—but liked his own kills best.

Eppure, un umorismo subdolo permeava alcune delle sue cacce silenziose.

Still, a sly humor ran through some of his silent hunts.

Si avvicinò furtivamente agli scoiattoli, solo per lasciarli scappare.

He crept up close to squirrels, only to let them escape.

Stavano per fuggire tra gli alberi, chiacchierando con rabbia e paura.

They were going to flee to the trees, chattering in fearful outrage.

Con l'arrivo dell'autunno, le alci cominciarono ad apparire in numero maggiore.

As fall came, moose began to appear in greater numbers.

Si spostarono lentamente verso le basse valli per affrontare l'inverno.

They moved slowly into the low valleys to meet the winter.

Buck aveva già abbattuto un giovane vitello randagio.

Buck had already brought down one young, stray calf.

Ma lui desiderava ardentemente affrontare prede più grandi e pericolose.

But he longed to face larger, more dangerous prey.

Un giorno, sul crinale, alla sorgente del torrente, trovò la sua occasione.

One day on the divide, at the creek's head, he found his chance.

Una mandria di venti alci era giunta da terre boscose.

A herd of twenty moose had crossed from forested lands.

Tra loro c'era un possente toro, il capo del gruppo.

Among them was a mighty bull; the leader of the group.

Il toro era alto più di due metri e mezzo e appariva feroce e selvaggio.

The bull stood over six feet tall and looked fierce and wild.

Lanciò le sue grandi corna, le cui quattordici punte si diramavano verso l'esterno.

He tossed his wide antlers, fourteen points branching outward.

Le punte di quelle corna si estendevano per due metri.

The tips of those antlers stretched seven feet across.

I suoi piccoli occhi ardevano di rabbia quando vide Buck lì vicino.

His small eyes burned with rage as he spotted Buck nearby.

Emise un ruggito furioso, tremando di rabbia e dolore.

He let out a furious roar, trembling with fury and pain.

Vicino al suo fianco spuntava la punta di una freccia, appuntita e piumata.

An arrow-end stuck out near his flank, feathered and sharp.

Questa ferita contribuì a spiegare il suo umore selvaggio e amareggiato.

This wound helped explain his savage, bitter mood.

Buck, guidato dall'antico istinto di caccia, fece la sua mossa.

Buck, guided by ancient hunting instinct, made his move.

Il suo obiettivo era separare il toro dal resto della mandria.

He aimed to separate the bull from the rest of the herd.

Non era un compito facile: richiedeva velocità e una grande astuzia.

This was no easy task—it took speed and fierce cunning.

Abbaiava e danzava vicino al toro, appena fuori dalla sua portata.

He barked and danced near the bull, just out of range.

L'alce si lanciò con enormi zoccoli e corna mortali.

The moose lunged with huge hooves and deadly antlers.

Un colpo avrebbe potuto porre fine alla vita di Buck in un batter d'occhio.

One blow could have ended Buck's life in a heartbeat.

Incapace di abbandonare la minaccia, il toro si infuriò.

Unable to leave the threat behind, the bull grew mad.

Lui caricava con furia, ma Buck riusciva sempre a sfuggirgli.

He charged in fury, but Buck always slipped away.

Buck finse di essere debole, allontanandosi ulteriormente dalla mandria.

Buck faked weakness, luring him farther from the herd.

Ma i giovani tori sarebbero tornati alla carica per proteggere il capo.

But young bulls were going to charge back to protect the leader.

Costrinsero Buck a ritirarsi e il toro a ricongiungersi al gruppo.

They forced Buck to retreat and the bull to rejoin the group.

C'è una pazienza nella natura selvaggia, profonda e inarrestabile.

There is a patience in the wild, deep and unstoppable.

Un ragno resta immobile nella sua tela per innumerevoli ore.

A spider waits motionless in its web for countless hours.

Un serpente si avvolge su se stesso senza contrarsi e aspetta il momento giusto.

A snake coils without twitching, and waits till it is time.

Una pantera è in agguato, finché non arriva il momento.

A panther lies in ambush, until the moment arrives.

Questa è la pazienza dei predatori che cacciano per sopravvivere.

This is the patience of predators who hunt to survive.

La stessa pazienza ardeva dentro Buck mentre gli restava accanto.

That same patience burned inside Buck as he stayed close.

Rimase vicino alla mandria, rallentandone la marcia e incutendo timore.

He stayed near the herd, slowing its march and stirring fear.

Provocava i giovani tori e molestava le mucche madri.

He teased the young bulls and harassed the mother cows.

Spinse il toro ferito in una rabbia ancora più profonda e impotente.

He drove the wounded bull into a deeper, helpless rage.

Per mezza giornata il combattimento si trascinò senza alcuna tregua.

For half a day, the fight dragged on with no rest at all.

Buck attaccò da ogni angolazione, veloce e feroce come il vento.

Buck attacked from every angle, fast and fierce as wind.

Impedì al toro di riposare o di nascondersi con la mandria.

He kept the bull from resting or hiding with its herd.

Buck logorò la volontà dell'alce più velocemente del suo corpo.

Buck wore down the moose's will faster than its body.

Il giorno passò e il sole tramontò basso nel cielo a nord-ovest.

The day passed and the sun sank low in the northwest sky.

I giovani tori tornarono più lentamente per aiutare il loro capo.

The young bulls returned more slowly to help their leader.

Erano tornate le notti autunnali e il buio durava ormai sei ore.

Fall nights had returned, and darkness now lasted six hours.

L'inverno li spingeva verso valli più sicure e calde.

Winter was pressing them downhill into safer, warmer valleys.

Ma non riuscirono comunque a sfuggire al cacciatore che li tratteneva.

But still they couldn't escape the hunter that held them back.

Era in gioco solo una vita: non quella del branco, ma quella del loro capo.

Only one life was at stake—not the herd's, just their leader's.

Ciò rendeva la minaccia lontana e non una loro preoccupazione urgente.

That made the threat distant and not their urgent concern.

Col tempo accettarono questo prezzo e lasciarono che Buck prendesse il vecchio toro.

In time, they accepted this cost and let Buck take the old bull.

Mentre calava il crepuscolo, il vecchio toro rimase in piedi con la testa bassa.

As twilight settled in, the old bull stood with his head down.

Guardò la mandria che aveva guidato svanire nella luce morente.

He watched the herd he had led vanish into the fading light.

C'erano mucche che aveva conosciuto, vitelli che un tempo aveva generato.

There were cows he had known, calves he had once fathered.

C'erano tori più giovani con cui aveva combattuto e che aveva dominato nelle stagioni passate.

There were younger bulls he had fought and ruled in past seasons.

Non poteva seguirli, perché davanti a lui era di nuovo accovacciato Buck.

He could not follow them—for before him crouched Buck again.

Il terrore spietato e zannuto gli bloccava ogni via che potesse percorrere.

The merciless fanged terror blocked every path he might take.

Il toro pesava più di trecento chili di potenza densa.

The bull weighed more than three hundredweight of dense power.

Aveva vissuto a lungo e lottato duramente in un mondo di difficoltà.

He had lived long and fought hard in a world of struggle.

Eppure, alla fine, la morte gli venne commessa da una bestia molto più bassa di lui.

Yet now, at the end, death came from a beast far beneath him.

La testa di Buck non arrivò nemmeno alle enormi ginocchia noccate del toro.

Buck's head did not even rise to the bull's huge knuckled knees.

Da quel momento in poi, Buck rimase con il toro notte e giorno.

From that moment on, Buck stayed with the bull night and day.

Non gli dava mai tregua, non gli permetteva mai di brucare o bere.

He never gave him rest, never allowed him to graze or drink.

Il toro cercò di mangiare giovani germogli di betulla e foglie di salice.

The bull tried to eat young birch shoots and willow leaves.

Ma Buck lo scacciò, sempre all'erta e sempre all'attacco.

But Buck drove him off, always alert and always attacking.

Anche nei torrenti che scorrevano, Buck bloccava ogni assetato tentativo.

Even at trickling streams, Buck blocked every thirsty attempt.

A volte, in preda alla disperazione, il toro fuggiva a tutta velocità.

Sometimes, in desperation, the bull fled at full speed.

Buck lo lasciò correre, avanzando tranquillamente dietro di lui, senza mai allontanarsi troppo.

Buck let him run, loping calmly just behind, never far away.

Quando l'alce si fermò, Buck si sdraiò, ma rimase pronto.

When the moose paused, Buck lay down, but stayed ready.

Se il toro provava a mangiare o a bere, Buck colpiva con tutta la sua furia.

If the bull tried to eat or drink, Buck struck with full fury.

La grande testa del toro si abbassava sotto le enormi corna.

The bull's great head sagged lower under its vast antlers.

Il suo passo rallentò, il trotto divenne pesante, un'andatura barcollante.

His pace slowed, the trot became a heavy; a stumbling walk.

Spesso restava immobile con le orecchie abbassate e il naso rivolto verso il terreno.

He often stood still with drooped ears and nose to the ground.

In quei momenti Buck si prese del tempo per bere e riposare.

During those moments, Buck took time to drink and rest.

Con la lingua fuori e gli occhi fissi, Buck sentì che la terra stava cambiando.

Tongue out, eyes fixed, Buck sensed the land was changing.

Sentì qualcosa di nuovo muoversi nella foresta e nel cielo.

He felt something new moving through the forest and sky.

Con il ritorno delle alci tornarono anche altre creature selvatiche.

As moose returned, so did other creatures of the wild.

La terra sembrava viva di una presenza invisibile ma fortemente nota.

The land felt alive with presence, unseen but strongly known.

Buck non lo sapeva tramite l'udito, la vista o l'olfatto.

It was not by sound, sight, nor by scent that Buck knew this.

Un sentimento più profondo gli diceva che nuove forze erano in movimento.

A deeper sense told him that new forces were on the move.

Una strana vita si agitava nei boschi e lungo i corsi d'acqua.

Strange life stirred through the woods and along the streams.

Decise di esplorare questo spirito una volta completata la caccia.

He resolved to explore this spirit, after the hunt was complete.

Il quarto giorno, Buck riuscì finalmente a catturare l'alce.

On the fourth day, Buck brought down the moose at last.

Rimase nei pressi della preda per un giorno e una notte interi, nutrendosi e riposandosi.

He stayed by the kill for a full day and night, feeding and resting.

Mangiò, poi dormì, poi mangiò ancora, finché non fu forte e sazio.

He ate, then slept, then ate again, until he was strong and full.

Quando fu pronto, tornò indietro verso l'accampamento e Thornton.

When he was ready, he turned back toward camp and Thornton.

Con passo costante iniziò il lungo viaggio di ritorno verso casa.

With steady pace, he began the long return journey home.

Correva con la sua andatura instancabile, ora dopo ora, senza mai smarrirsi.

He ran in his tireless lope, hour after hour, never once straying.

Attraverso terre sconosciute, si muoveva dritto come l'ago di una bussola.

Through unknown lands, he moved straight as a compass needle.

Il suo senso dell'orientamento faceva sembrare deboli, al confronto, l'uomo e la mappa.

His sense of direction made man and map seem weak by comparison.

Mentre Buck correva, sentiva sempre più forte l'agitazione nella terra selvaggia.

As Buck ran, he felt more strongly the stir in the wild land.

Era un nuovo tipo di vita, diverso da quello dei tranquilli mesi estivi.

It was a new kind of life, unlike that of the calm summer months.

Questa sensazione non giungeva più come un messaggio sottile o distante.

This feeling no longer came as a subtle or distant message.

Ora gli uccelli parlavano di questa vita e gli scoiattoli chiacchieravano.

Now the birds spoke of this life, and squirrels chattered about it.

Persino la brezza sussurrava avvertimenti tra gli alberi silenziosi.

Even the breeze whispered warnings through the silent trees.

Più volte si fermò ad annusare l'aria fresca del mattino.

Several times he stopped and sniffed the fresh morning air.

Lì lesse un messaggio che lo fece fare un balzo in avanti più velocemente.

He read a message there that made him leap forward faster.

Fu pervaso da un forte senso di pericolo, come se qualcosa fosse andato storto.

A heavy sense of danger filled him, as if something had gone wrong.

Temeva che la calamità stesse per arrivare, o che fosse già arrivata.

He feared calamity was coming—or had already come.

Superò l'ultima cresta ed entrò nella valle sottostante.

He crossed the last ridge and entered the valley below.

Si muoveva più lentamente, attento e cauto a ogni passo.

He moved more slowly, alert and cautious with every step.

Dopo tre miglia trovò una pista fresca che lo fece irrigidire.

Three miles out he found a fresh trail that made him stiffen.

I peli sul collo si rizzarono e si rizzarono in segno di allarme.

The hair along his neck rippled and bristled in alarm.

Il sentiero portava dritto all'accampamento dove Thornton aspettava.

The trail led straight toward the camp where Thornton waited.

Buck ora si muoveva più velocemente, con passi silenziosi e rapidi.

Buck moved faster now, his stride both silent and swift.

I suoi nervi si irrigidirono mentre leggeva segnali che altri non avrebbero notato.

His nerves tightened as he read signs others were going to miss.

Ogni dettaglio del percorso raccontava una storia, tranne l'ultimo pezzo.

Each detail in the trail told a story—except the final piece.

Il suo naso gli raccontò della vita che aveva trascorso lì.

His nose told him about the life that had passed this way.

L'odore gli fornì un'immagine mutevole mentre lo seguiva da vicino.

The scent gave him a changing picture as he followed close behind.

Ma la foresta stessa era diventata silenziosa, innaturalmente immobile.

But the forest itself had gone quiet; unnaturally still.

Gli uccelli erano scomparsi, gli scoiattoli erano nascosti, silenziosi e immobili.

Birds had vanished, squirrels were hidden, silent and still.

Vide solo uno scoiattolo grigio, sdraiato su un albero morto.

He saw only one gray squirrel, flat on a dead tree.

Lo scoiattolo si mimetizzava, rigido e immobile come una parte della foresta.

The squirrel blended in, stiff and motionless like a part of the forest.

Buck si muoveva come un'ombra, silenzioso e sicuro tra gli alberi.

Buck moved like a shadow, silent and sure through the trees.

Il suo naso si mosse di lato come se fosse stato tirato da una mano invisibile.

His nose jerked sideways as if pulled by an unseen hand.

Si voltò e seguì il nuovo odore nel profondo di un boschetto.

He turned and followed the new scent deep into a thicket.

Lì trovò Nig, steso morto, trafitto da una freccia.

There he found Nig, lying dead, pierced through by an arrow.

La freccia gli attraversò il corpo, lasciando ancora visibili le piume.

The shaft passed clear through his body, feathers still showing.

Nig si era trascinato fin lì, ma era morto prima di riuscire a raggiungere i soccorsi.

Nig had dragged himself there, but died before reaching help.

Cento metri più avanti, Buck trovò un altro cane da slitta.

A hundred yards farther on, Buck found another sled dog.

Era un cane che Thornton aveva comprato a Dawson City.

It was a dog that Thornton had bought back in Dawson City.

Il cane lottava con tutte le sue forze, dimenandosi violentemente sul sentiero.

The dog was in a death struggle, thrashing hard on the trail.

Buck gli passò accanto senza fermarsi, con gli occhi fissi davanti a sé.

Buck passed around him, not stopping, eyes fixed ahead.

Dalla direzione dell'accampamento proveniva un canto lontano e ritmico.

From the direction of the camp came a distant, rhythmic chant.

Le voci si alzavano e si abbassavano con un tono strano, inquietante, cantilenante.

Voices rose and fell in a strange, eerie, sing-song tone.

Buck strisciò in silenzio fino al limite della radura.

Buck crawled forward to the edge of the clearing in silence.

Lì vide Hans disteso a faccia in giù, trafitto da numerose frecce.

There he saw Hans lying face-down, pierced with many arrows.

Il suo corpo sembrava quello di un porcospino, irto di penne.

His body looked like a porcupine, bristling with feathered shafts.

Nello stesso momento, Buck guardò verso la capanna in rovina.

At the same moment, Buck looked toward the ruined lodge.

Quella vista gli fece rizzare i capelli sul collo e sulle spalle.

The sight made the hair rise stiff on his neck and shoulders.

Un'ondata di rabbia selvaggia travolse tutto il corpo di Buck.

A storm of wild rage swept through Buck's whole body.

Ringhiò forte, anche se non ne era consapevole.

He growled aloud, though he did not know that he had.

Il suono era crudo, pieno di una furia terrificante e selvaggia.

The sound was raw, filled with terrifying, savage fury.

Per l'ultima volta nella sua vita, Buck perse la ragione a causa delle emozioni.

For the last time in his life, Buck lost reason to emotion.

Fu l'amore per John Thornton a spezzare il suo attento controllo.

It was love for John Thornton that broke his careful control.

Gli Yeehats ballavano attorno alla baita in legno di abete rosso distrutta.

The Yeehats were dancing around the wrecked spruce lodge.

Poi si udì un ruggito e una bestia sconosciuta si lanciò verso di loro.

Then came a roar—and an unknown beast charged toward them.

Era Buck: una furia in movimento, una tempesta vivente di vendetta.

It was Buck; a fury in motion; a living storm of vengeance.

Si gettò in mezzo a loro, folle di voglia di uccidere.

He flung himself into their midst, mad with the need to kill.

Si lanciò contro il primo uomo, il capo Yeehat, e colpì nel segno.

He leapt at the first man, the Yeehat chief, and struck true.

La sua gola era squarciata e il sangue schizzava a fiotti.

His throat was ripped open, and blood spouted in a stream.

Buck non si fermò, ma con un balzo squarciò la gola dell'uomo successivo.

Buck did not stop, but tore the next man's throat with one leap.

Era inarrestabile: squarciava, tagliava, non si fermava mai a riposare.

He was unstoppable—ripping, slashing, never pausing to rest.

Si lanciò e balzò così velocemente che le loro frecce non riuscirono a toccarlo.

He darted and sprang so fast their arrows could not touch him.

Gli Yeehats erano in preda al panico e alla confusione.

The Yeehats were caught in their own panic and confusion.

Le loro frecce non colpirono Buck e si colpirono tra loro.

Their arrows missed Buck and struck one another instead.

Un giovane scagliò una lancia contro Buck e colpì un altro uomo.

One youth threw a spear at Buck and hit another man.

La lancia gli trapassò il petto e la punta gli trafisse la schiena.

The spear drove through his chest, the point punching out his back.

Il terrore travolse gli Yeehats, che si diedero alla ritirata.

Terror swept over the Yeehats, and they broke into full retreat.

Urlarono allo Spirito Maligno e fuggirono nelle ombre della foresta.

They screamed of the Evil Spirit and fled into the forest shadows.

Buck era davvero come un demone mentre inseguiva gli Yeehats.

Truly, Buck was like a demon as he chased the Yeehats down.

Li inseguì attraverso la foresta, abbattendoli come cervi.

He tore after them through the forest, bringing them down like deer.

Divenne un giorno di destino e terrore per gli spaventati Yeehats.

It became a day of fate and terror for the frightened Yeehats.

Si dispersero sul territorio, fuggendo in ogni direzione.

They scattered across the land, fleeing far in every direction.

Passò un'intera settimana prima che gli ultimi sopravvissuti si incontrassero in una valle.

A full week passed before the last survivors met in a valley.

Solo allora contarono le perdite e raccontarono quanto accaduto.

Only then did they count their losses and speak of what happened.

Buck, stanco dell'inseguimento, ritornò all'accampamento in rovina.

Buck, after tiring of the chase, returned to the ruined camp.

Trovò Pete, ancora avvolto nelle coperte, ucciso nel primo attacco.

He found Pete, still in his blankets, killed in the first attack.

I segni dell'ultima lotta di Thornton erano visibili nella terra lì vicino.

Signs of Thornton's last struggle were marked in the dirt nearby.

Buck seguì ogni traccia, annusando ogni segno fino al punto finale.

Buck followed every trace, sniffing each mark to a final point.

Sul bordo di una profonda pozza trovò il fedele Skeet, immobile.

At the edge of a deep pool, he found faithful Skeet, lying still.

La testa e le zampe anteriori di Skeet erano nell'acqua, immobili nella morte.

Skeet's head and front paws were in the water, unmoving in death.

La piscina era fangosa e contaminata dai liquidi di scarico delle chiuse.

The pool was muddy and tainted with runoff from the sluice boxes.

La sua superficie torbida nascondeva ciò che si trovava sotto, ma Buck conosceva la verità.

Its cloudy surface hid what lay beneath, but Buck knew the truth.

Seguì l'odore di Thornton nella piscina, ma non lo portò da nessun'altra parte.

He tracked Thornton's scent into the pool—but the scent led nowhere else.

Non c'era alcun odore che provenisse, solo il silenzio dell'acqua profonda.

There was no scent leading out—only the silence of deep water.

Buck rimase tutto il giorno vicino alla piscina, camminando avanti e indietro per l'accampamento, addolorato.

All day Buck stayed near the pool, pacing the camp in grief.

Vagava irrequieto o sedeva immobile, immerso nei suoi pensieri.

He wandered restlessly or sat in stillness, lost in heavy thought.

Conosceva la morte, la fine della vita, la scomparsa di ogni movimento.

He knew death; the ending of life; the vanishing of all motion.

Capì che John Thornton se n'era andato e non sarebbe mai più tornato.

He understood that John Thornton was gone, never to return.

La perdita lasciò in lui un vuoto che pulsava come la fame.

The loss left an empty space in him that throbbed like hunger.

Ma questa era una fame che il cibo non riusciva a placare, non importava quanto ne mangiasse.

But this was a hunger food could not ease, no matter how much he ate.

A volte, mentre guardava i cadaveri di Yeehats, il dolore si attenuava.

At times, as he looked at the dead Yeehats, the pain faded.

E poi dentro di lui nacque uno strano orgoglio, feroce e totale.

And then a strange pride rose inside him, fierce and complete.

Aveva ucciso l'uomo, la preda più alta e pericolosa di tutte.

He had killed man, the highest and most dangerous game of all.

Aveva ucciso in violazione dell'antica legge del bastone e della zanna.

He had killed in defiance of the ancient law of club and fang.

Buck annusò i loro corpi senza vita, curioso e pensieroso.

Buck sniffed their lifeless bodies, curious and thoughtful.

Erano morti così facilmente, molto più facilmente di un husky in combattimento.

They had died so easily—much easier than a husky in a fight.

Senza le armi non avrebbero avuto vera forza né avrebbero rappresentato una minaccia.

Without their weapons, they had no true strength or threat.

Buck non avrebbe più avuto paura di loro, a meno che non fossero stati armati.

Buck was never going to fear them again, unless they were armed.

Stava attento solo quando portavano clave, lance o frecce.

Only when they carried clubs, spears, or arrows he'd beware.

Calò la notte e la luna piena spuntò alta sopra le cime degli alberi.

Night fell, and a full moon rose high above the tops of the trees.

La pallida luce della luna avvolgeva la terra in un tenue e spettrale chiarore, come se fosse giorno.

The moon's pale light bathed the land in a soft, ghostly glow like day.

Mentre la notte avanzava, Buck continuava a piangere presso la pozza silenziosa.

As the night deepened, Buck still mourned by the silent pool.

Poi si accorse di un diverso movimento nella foresta.

Then he became aware of a different stirring in the forest.

L'agitazione non proveniva dagli Yeehats, ma da qualcosa di più antico e profondo.

The stirring was not from the Yeehats, but from something older and deeper.

Si alzò in piedi, drizzò le orecchie e tastò con attenzione la brezza con il naso.

He stood up, ears lifted, nose testing the breeze with care.

Da lontano giunse un debole e acuto grido che squarciò il silenzio.

From far away came a faint, sharp yelp that pierced the silence.

Poi un coro di grida simili seguì subito dopo il primo.

Then a chorus of similar cries followed close behind the first.

Il suono si avvicinava sempre di più, diventando sempre più forte con il passare dei minuti.

The sound drew nearer, growing louder with each passing moment.

Buck conosceva quel grido: proveniva da quell'altro mondo nella sua memoria.

Buck knew this cry—it came from that other world in his memory.

Si recò al centro dello spazio aperto e ascoltò attentamente.

He walked to the center of the open space and listened closely.

L'appello risuonò più forte che mai, più sentito e più potente che mai.

The call rang out, many-noted and more powerful than ever.

E ora, più che mai, Buck era pronto a rispondere alla sua chiamata.

And now, more than ever before, Buck was ready to answer his calling.

John Thornton era morto e in lui non era rimasto alcun legame con l'uomo.

John Thornton was dead, and no tie to man remained within him.

L'uomo e tutte le pretese umane erano svaniti: era finalmente libero.

Man and all human claims were gone—he was free at last.

Il branco di lupi era a caccia di carne, proprio come un tempo avevano fatto gli Yeehats.

The wolf pack were chasing meat like the Yeehats once had.

Avevano seguito le alci mentre scendevano dalle terre boscose.

They had followed moose down from the timbered lands.

Ora, selvaggi e affamati di prede, attraversarono la sua valle.

Now, wild and hungry for prey, they crossed into his valley.

Giunsero nella radura illuminata dalla luna, scorrendo come acqua argentata.

Into the moonlit clearing they came, flowing like silver water.

Buck rimase immobile al centro, in attesa.

Buck stood still in the center, motionless and waiting for them.

La sua presenza calma e imponente lasciò il branco senza parole, tanto da farlo restare per un breve periodo in silenzio.

His calm, large presence stunned the pack into a brief silence.

Allora il lupo più audace gli saltò addosso senza esitazione.

Then the boldest wolf leapt straight at him without hesitation.

Buck colpì rapidamente e spezzò il collo del lupo con un solo colpo.

Buck struck fast and broke the wolf's neck in a single blow.

Rimase di nuovo immobile mentre il lupo morente si contorceva dietro di lui.

He stood motionless again as the dying wolf twisted behind him.

Altri tre lupi attaccarono rapidamente, uno dopo l'altro.

Three more wolves attacked quickly, one after the other.

Ognuno di loro si ritrasse sanguinante, con la gola o le spalle tagliate.

Each retreated bleeding, their throats or shoulders slashed.

Ciò fu sufficiente a scatenare una carica selvaggia da parte dell'intero branco.

That was enough to trigger the whole pack into a wild charge.

Si precipitarono tutti insieme, troppo impazienti e troppo ammassati per colpire bene.

They rushed in together, too eager and crowded to strike well.

La velocità e l'abilità di Buck gli permisero di anticipare l'attacco.

Buck's speed and skill allowed him to stay ahead of the attack.

Girò sulle zampe posteriori, schioccando i denti e colpendo in tutte le direzioni.

He spun on his hind legs, snapping and striking in all directions.

Ai lupi sembrò che la sua difesa non si fosse mai aperta o avesse vacillato.

To the wolves, this seemed like his defense never opened or faltered.

Si voltò e colpì così velocemente che non riuscirono a raggiungerlo alle spalle.

He turned and slashed so quickly they could not get behind him.

Ciononostante, il loro numero lo costrinse a cedere terreno e a ritirarsi.

Nonetheless, their numbers forced him to give ground and fall back.

Superò la piscina e scese nel letto roccioso del torrente.

He moved past the pool and down into the rocky creek bed.

Lì si imbatté in un ripido pendio di ghiaia e terra.

There he came up against a steep bank of gravel and dirt.

Si è infilato in un angolo scavato durante i vecchi scavi dei minatori.

He edged into a corner cut during the miners' old digging.

Ora, protetto su tre lati, Buck si trovava di fronte solo al lupo frontale.

Now, protected on three sides, Buck faced only the front wolf.

Lì rimase in attesa, pronto per la successiva ondata di assalto.

There, he stood at bay, ready for the next wave of assault.

Buck mantenne la posizione con tanta ferocia che i lupi indietreggiarono.

Buck held his ground so fiercely that the wolves drew back.

Dopo mezz'ora erano sfiniti e visibilmente sconfitti.

After half an hour, they were worn out and visibly defeated.

Le loro lingue pendevano fuori e le loro zanne bianche brillavano alla luce della luna.

Their tongues hung out, their white fangs gleamed in moonlight.

Alcuni lupi si sdraiano, con la testa alzata e le orecchie dritte verso Buck.

Some wolves lay down, heads raised, ears pricked toward Buck.

Altri rimasero immobili, attenti e osservarono ogni suo movimento.

Others stood still, alert and watching his every move.

Qualcuno si avvicinò alla piscina e bevve l'acqua fredda.

A few wandered to the pool and lapped up cold water.

Poi un lupo grigio, lungo e magro, si fece avanti furtivamente, con passo gentile.

Then one long, lean gray wolf crept forward in a gentle way.

Buck lo riconobbe: era il fratello selvaggio di prima.

Buck recognized him—it was the wild brother from before.

Il lupo grigio uggiolò dolcemente e Buck rispose con un guaito.

The gray wolf whined softly, and Buck replied with a whine.

Si toccarono il naso, silenziosamente, senza timore o minaccia.

They touched noses, quietly and without threat or fear.

Poi venne un lupo più anziano, scarno e segnato dalle numerose battaglie.

Next came an older wolf, gaunt and scarred from many battles.

Buck cominciò a ringhiare, ma si fermò e annusò il naso del vecchio lupo.

Buck started to snarl, but paused and sniffed the old wolf's nose.

Il vecchio si sedette, alzò il naso e ululò alla luna.

The old one sat down, raised his nose, and howled at the moon.

Il resto del branco si sedette e si unì al lungo ululato.

The rest of the pack sat down and joined in the long howl.

E ora la chiamata giunse a Buck, inequivocabile e forte.

And now the call came to Buck, unmistakable and strong.

Si sedette, alzò la testa e ululò insieme agli altri.

He sat down, lifted his head, and howled with the others.

Quando l'ululato cessò, Buck uscì dal suo riparo roccioso.

When the howling ended, Buck stepped out of his rocky shelter.

Il branco si strinse attorno a lui, annusando con gentilezza e cautela.

The pack closed in around him, sniffing both kindly and warily.

Allora i capi lanciarono un grido e si precipitarono nella foresta.

Then the leaders gave the yelp and dashed off into the forest.

Gli altri lupi li seguirono, guaendo in coro, selvaggi e veloci nella notte.

The other wolves followed, yelping in chorus, wild and fast in the night.

Buck corse con loro, accanto al suo selvaggio fratello, ululando mentre correva.

Buck ran with them, beside his wild brother, howling as he ran.

Qui la storia di Buck giunge al termine.
Here, the story of Buck does well to come to its end.
Negli anni a seguire, gli Yeehats notarono degli strani lupi.
In the years that followed, the Yeehats noticed strange wolves.
Alcuni avevano la testa e il muso marroni e il petto bianco.
Some had brown on their heads and muzzles, white on the chest.
Ma ancora di più temevano la presenza di una figura spettrale tra i lupi.
But even more, they feared a ghostly figure among the wolves.
Parlavano a bassa voce del Cane Fantasma, il capo del branco.
They spoke in whispers of the Ghost Dog, leader of the pack.
Questo Ghost Dog era più astuto del più audace cacciatore di Yeehat.
This Ghost Dog had more cunning than the boldest Yeehat hunter.
Il cane fantasma rubava dagli accampamenti nel cuore dell'inverno e faceva a pezzi le loro trappole.
The ghost dog stole from camps in deep winter and tore their traps apart.
Il cane fantasma uccise i loro cani e sfuggì alle loro frecce senza lasciare traccia.
The ghost dog killed their dogs and escaped their arrows without a trace.
Perfino i loro guerrieri più coraggiosi avevano paura di affrontare questo spirito selvaggio.
Even their bravest warriors feared to face this wild spirit.
No, la storia diventa ancora più oscura con il passare degli anni trascorsi nella natura selvaggia.
No, the tale grows darker still, as the years pass in the wild.
Alcuni cacciatori scompaiono e non fanno più ritorno ai loro accampamenti lontani.
Some hunters vanish and never return to their distant camps.

Altri vengono trovati con la gola squarciata, uccisi nella neve.

Others are found with their throats torn open, slain in the snow.

Attorno ai loro corpi ci sono delle impronte più grandi di quelle che un lupo potrebbe mai lasciare.

Around their bodies are tracks—larger than any wolf could make.

Ogni autunno, gli Yeehats seguono le tracce dell'alce.

Each autumn, Yeehats follow the trail of the moose.

Ma evitano una valle perché la paura è scolpita nel profondo del loro cuore.

But they avoid one valley with fear carved deep into their hearts.

Si dice che la valle sia stata scelta dallo Spirito Maligno come sua dimora.

They say the valley is chosen by the Evil Spirit for his home.

E quando la storia viene raccontata, alcune donne piangono accanto al fuoco.

And when the tale is told, some women weep beside the fire.

Ma d'estate, c'è un visitatore che giunge in quella valle sacra e silenziosa.

But in summer, one visitor comes to that quiet, sacred valley.

Gli Yeehats non lo conoscono e non potrebbero capirlo.

The Yeehats do not know of him, nor could they understand.

Il lupo è un animale grandioso, ricoperto di gloria, come nessun altro della sua specie.

The wolf is a great one, coated in glory, like no other of his kind.

Lui solo attraversa il bosco verde ed entra nella radura della foresta.

He alone crosses from green timber and enters the forest glade.

Lì, la polvere dorata contenuta nei sacchi di pelle d'alce si infiltra nel terreno.

There, golden dust from moose-hide sacks seeps into the soil.

L'erba e le foglie vecchie hanno nascosto il giallo del sole.

Grass and old leaves have hidden the yellow from the sun.

Qui il lupo resta in silenzio, pensando e ricordando.

Here, the wolf stands in silence, thinking and remembering.

Urla una volta sola, a lungo e lugubremente, prima di girarsi e andarsene.

He howls once—long and mournful—before he turns to go.

Ma non è sempre solo nella terra del freddo e della neve.

Yet he is not always alone in the land of cold and snow.

Quando le lunghe notti invernali scendono sulle valli più basse.

When long winter nights descend on the lower valleys.

Quando i lupi seguono la selvaggina attraverso il chiaro di luna e il gelo.

When the wolves follow game through moonlight and frost.

Poi corre in testa al gruppo, saltando in alto e in modo selvaggio.

Then he runs at the head of the pack, leaping high and wild.

La sua figura svetta sulle altre, la sua gola risuona di canto.

His shape towers over the others, his throat alive with song.

È il canto del mondo più giovane, la voce del branco.

It is the song of the younger world, the voice of the pack.

Canta mentre corre: forte, libero e per sempre selvaggio.

He sings as he runs—strong, free, and forever wild.